小学生の思考力を引き出す！

算数クイズ集

〈1・2・3・4年〉

蔵満逸司 著

黎明書房

はじめに

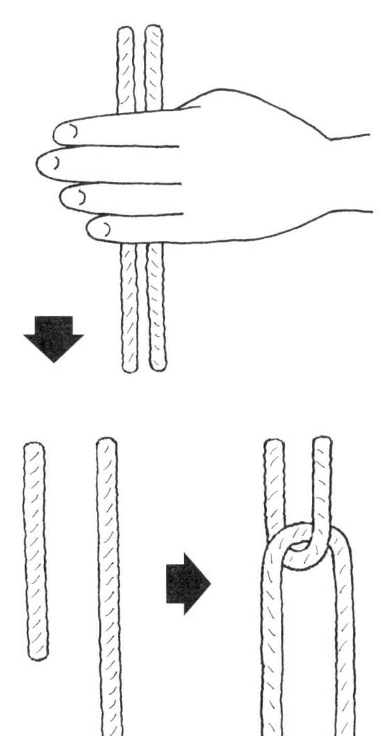

「クイズです。この2本のロープはどちらが長い?」と聞くと，子どもたちは一斉に,「長さは同じです」と答えました。

仕掛けがわからないよう気をつけながら，2本のロープを別々に見せました。子どもたちは，長さが違うのでびっくりしていました。

そこで，用意していた2本のひもを一人ずつに渡し,「この謎を名探偵になって解いてみましょう」と問いかけました。謎を解明した子どもには，友達に出すヒントを考えてもらいました。

仕掛けはシンプルで，左図のように2本のロープを絡めて長さを平均化して同じ長さに見せていただけです。これは著名な手品である3本のロープマジックの簡易版です。

算数学習にクイズを取り入れると，算数が苦手な子どもたちも思考を楽しむことに気づいた私は，授業の導入に，学習課題として，応用問題として，宿題にといろいろな場面にクイズを取り入れるようになりました。

算数の授業では，子どもたちに思考する楽しさを味わわせながら，思考力を高めることを大切にしてきました。授業では，特に次の８つの思考習慣を意図的に育てる実践を行いました。

1　既習内容との関連を考える習慣
2　数字にこだわる習慣
3　単位にこだわる習慣
4　図で考える習慣
5　単純にして考える習慣
6　試して考える習慣
7　検算する習慣
8　自分の思考を振り返る習慣

子どもたちが楽しみながら，この8つの習慣を身につけるために算数クイズは有効でした。

本書では該当学年の学習内容に直接関わるクイズだけでなく，関連する他教科に関わる問題や発展問題も収録しました。目的に応じて取捨選択して，また自由にアレンジしてご活用ください。児童の実態に合わせて，臨機応変にヒントを出してみんなが活躍するクイズになるよう工夫していただけると何よりです。

『小学生の思考力を引き出す！　算数クイズ集』全2巻は，次の皆様のご協力で完成することができました。ありがとうございました。

照屋由紀子様（1年担当），目取眞堤様（2年担当），島袋恵美子様（3年担当），久髙伶実様（4年担当），濱川法子様（5年担当），神里美智子様（6年担当），屋嘉比理様（全体構成）。

蔵満司夢様・蔵満結花様には全体を見てご助言をいただきました。

黎明書房の武馬久仁裕社長，編集担当の伊藤大真様には大変お世話になりました。ありがとうございました。

2023年　秋

蔵満逸司

この本の使い方

授業の導入で使う

学習クイズを授業の導入で使うと,「今日の勉強楽しそう」「もっとくわしく勉強したい」と思う児童が増えます。画用紙やホワイトボードにクイズを書いておき,「ジャジャーンクイズです」と笑顔で児童に提示したり, 効果音を用意してクイズの前やシンキングタイムに流す演出も効果的です。

学習課題として使う

学習クイズと学習課題はボーダーレスです。本書の3択や穴埋めクイズを記述式の問題に変えるなどして学習課題として使うのもおすすめです。用意した学習課題の言葉や出し方を学習クイズ風に工夫してみるのもいいですね。

応用問題として使う

楽しみながら, 学習したことを生かしたり, 学習したことを別の視点で振り返ることができるのも学習クイズを使う魅力です。子どもたちの実態に合わせてヒントを出したり, 類似クイズを続けて出すなど工夫してみてください。

学級通信に載せる

学級通信に算数クイズを載せると, 家族で算数学習が話題になるかもしれません。次の号に正解と解説を載せることを忘れないようにしましょう。

家庭学習で使う

クイズだけど算数なんです。家庭での算数学習にも役立ちます。お子様へのプレゼントとしてもおすすめです。

目次

1年

おり紙を四つおりにして，点線のところをはさみで切りとりました。
ひらくと，次のどの生きものに，にた形をしているでしょうか。

①ヤドカリ　②カエル　③トンボ

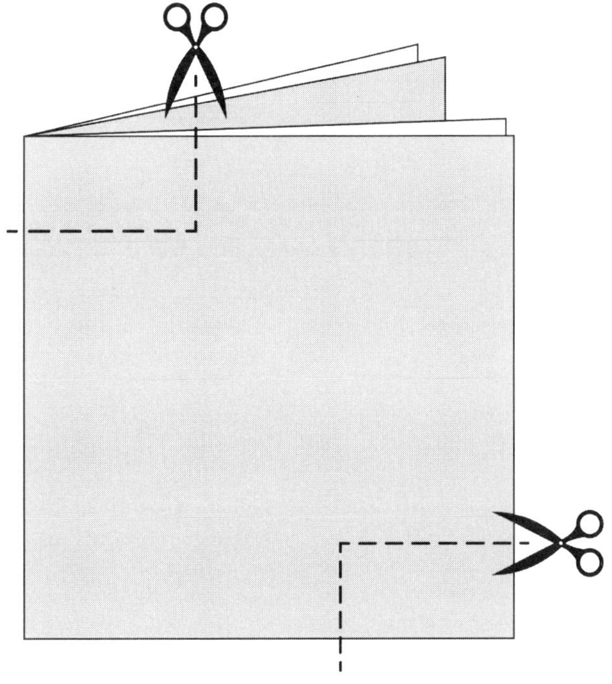

▶こたえは，30 ページにあります。

1年

数字ルールさがしクイズ

◆数字のならび方のルールを見つけ，（　　）の中に数字をいれましょう。

Q1

1 → 3 → 5 → 7 →（　　）→ 11 → 13

Q2

0 → 1 → 1 → 2 → 3 → 5 →（　　）→ 13

Q3

1 → 2 → 4 → 7 → 11 → 16 →（　　）→ 29

Q4

15 → 8 → 14 → 9 →（　　）→ 10 → 12

Q5

31 28 31 30 31 30 31（　　）30 31 30 31

Q6

1 → 2 → 3 → 5 → 7 → 11 → 12 → 13 →（　　）

Q7

1 → 2 → 5 → 10 → 17 → 26 →（　　）→ 50 → 65

答え　(1)9　(2)8　(3)22　(4)13　(5)31　(6)15　(7)37

(1) 1から順番に1つ飛ばしで書くルール。

(2) 前の2つの数字を足して答えを書くルール。

0+1=1　1+1=2　1+2=3　2+3=5　3+5=8　5+8=13

(3) 1には1を足す，答えの2には2を足す，答えの4には3を足すと……足す数を1つずつ増やしていくルール。

1+1=2　2+2=4　4+3=7　7+4=11　11+5=16

16+6=22

(4) 数字を一つおきで見るのがポイント。15から始まる数字は，15→14→13→12と1ずつ少なくなるルール。8から始まる数字は8→9→10と1ずつ多くなるルール。

(5) 1月から順に月ごとの日数を並べるルール。1月は31日，2月は平年の28日（うるう年だと29日）。3月は31日，4月は30日，5月は31日，6月は30日，7月と8月は31日なので，正解は31。

(6) 閉じた部分がある数字（0, 4, 6, 8, 9）を使わないルール。4の書き方には，閉じた部分がない書き方もある。

(7) 1から2は1増える。後は3, 5, 7, 9, 11と足す数が2ずつ増えるルール。

17+9=26　26+11=37

「たし算」「ひき算」など，数に関係のある知っていることを総動員して答えを探す問題です。

数字とんちクイズ

◆数字をつかった，とんちクイズにちょうせんしよう！
＊とんちクイズ……ダジャレやことばあそびをつかったクイズだよ。

Q8

「33333」，海にいるこの生きものはなに？

Q9

「ありがとう」とよくいう人がすきな2ケタの数字は？

Q10

ある数字をさかさまにしたら3ふえました。その数字は？

Q11

ぎゃくからよむと色のなまえになる数字は？

Q12

ライオンもオオカミもひょうも，もうすぐたんじょう日です。なんさいになる？

Q13

シロクマがしまにすんでいます。シロクマはなんとういる？

Q14

数字の「9」をきらいなどうぶつは?

Q15

8が出(で)られないようにかこったらなんの数字?

Q16

上手(じょうず)に2つに分けると0になる数字は?

答(こた)え　(8) サンゴ　(9)39　(10)6　(11)6　(12)10　(13)6
(14) スカンク　(15) 四　(16)8

(8) 3はサン, 5はゴと読める。

(9)「ありがとう」は英語で「サン(3) キュー(9)」。

(10) 6をさかさまにすると9。

(11) 6(ろく)を逆から読むと(くろ・黒)。

(12) ライオンもオオカミもひょうも猛獣(もうじゅう)。「もうじゅう」だから, もうすぐ10歳。

(13)「しろくま」の,「し」と「ま」の間に「ろく」(6)がある。

(14) ク「9」をスカンから。

(15) 8を漢字で書くと八, 八を出られないように囲むと四。

(16) 8を真ん中で横に切ると0が二つ。

Q17

やきにくをするとよく聞こえてくる数字は？

Q18

きれいな3わの鳥がとんでいきました。何いろの鳥？

Q19

黒いわ3つでできているパンは？

Q20

犬のすきな数字は？

Q21

風がふいて，算数でつかう数字カードが何まいかおにいさんの前におちました。カードの数字は？

Q22

ななさんは，その数字を見ると，何かを思い出して「いたい」といってうでをおさえました。その数字は？

Q23

しゅっぱつというかわりに先生がこくばんに書く数字は？

Q24

川や海岸にたくさんおちている数字は？

答え (17)10　(18) みどり　(19) クロワッサン　(20)1　(21)1　(22)8　(23)5　(24)14

(17)「ジュー」という音がするから。

(18) 三を「み」と読むと，三鳥は「みどり（緑）」と読める。

(19) 黒（クロ）い輪（ワ）が三（みっつ）ある。

(20) 犬はワン（１）と吠える。

(21) 兄さん（２３）の前だから1。

(22) 昆虫のはちを思い出すから。

(23) 行こうという意味の英語「ＧＯ」と読み方が似ている。

(24) 石（１４）が落ちている。

ヒントを出すなら「いろいろ思いついたことを声に出してみるとこたえが見つかるかも！」です。

3たくクイズ

3たくクイズです。正しい数字のばんごうを答えてください。

Q25

ピアノのけんばんの数はいくつ？

①54　②78　③88

Q26

日本のしんごうきで，赤しんごうはどこにある？

①左　②まん中　③右

Q27

サイコロをふったら3が出ました。見えている5つの数字をたすといくつ？

①17　②18　③19

Q28

サイコロを３回ふった目をたすと 10 です。反たいがわの3つの目をたすといくつ？

①10　②11　③12

Q29

コンセントの左右のあなの長さをくらべたときに正しいのは？

①左が少し長い　②左が少し太い　③左が少し短い

答え　(25) ③　(26) ③　(27) ①　(28) ②　(29) ①

(25) イタリアのクリストフォリが１７００年にピアノを発明した時の鍵盤の数は５４。その後少しずつ増えて８８になった。８８より増やしても，雑音にしか聞こえなかったから８８になったと言われている。

(26) 日本のように左側通行の国は，左から青・黄・赤で，右側通行の国では，左から赤・黄・青。運転手から見やすい場所に赤を置いたと言われている。

(27) サイコロは，背中合わせになっている面の合計が7。3が出たから見えない面は7−3で4。4を除いた1と2と3と5と6を足すと17。

(28) サイコロの目は出た目と反対側の目の合計が必ず7。3回振ると表と裏の数の合計は21。21から10を引いて11。

(29) 左が9mm 右が7mm で左が少し長い。右は電気が通ってくる穴で左は高圧の電流が流れたとき地面に電気を流すためのアース。

Q30

つぎの中で一ばん大きい数字は？

①ナイン　②イレブン　③テン

Q31

つぎの中で一ばん小さい数字は？

①トゥエンティ　②サーティーン　③トゥエルブ

Q32

「十四」の正しい読みかたは？

①じっぴき　②じゅっぴき　③じゅうぴき

Q33

テニスでは，0てんのことをなんとよぶ？

①ラッキー　②ハート　③ラブ

Q34

サッカーでせばんごう1はだれがきる?

①キャプテン　②キーパー　③フォワード

答え　(30)②　(31)③　(32)①　(33)③　(34)②

(30) ナインは9，イレブンは11，テンは10。野球は1チーム9人だから選手をナイン，サッカーは1チーム11人だから選手をイレブンとよぶ。

(31) トゥエンティは20，サーティーンは13，トゥエルブは12。

(32)「十」の音読みは「じゅう」と「じっ」。「じゅっ」とは読まない。時間の「十分」は「じっぷん」，「二十世紀」は「にじっせいき」。

(33) フランス語で0の形の「卵」を意味する言葉「l' oeuf（ルーフ）」から，卵の形に似ている「0」をラブと呼ぶようになったという説がある。テニスで一方が0点のままゲームが終了する事をラブゲームと言う。

(34) サッカーで，使用できるポジションが決まっているのは1番だけ。

Q32：「10までのかず」の問題です。「えっ?」と子どもたちがびっくりします。

いろいろなクイズ

Q35

0から9までの数字(すうじ)カードが1まいずつあります。きえたカードは？

0	1	2	3	4	5	6	7	8

Q36

0から9までの数字カードが1まいずつあります。足(た)りないカードは？

1	4	8	2	0	7	6	3	9

Q37

0から9までの数字カードが1まいずつあります。足りないカードは？

3	8	5	0	7	6	1	9	2

Q38

1から3までの数字カードが2まいずつあります。足りないカードは？

1	3	1	2	3

Q39

1から3までの数字カードが2まいずつあります。足りないカードは？

3	3	1	2	2

Q40

1から5までの数字カードが2まいずつあります。足りないカードは？

1	1	2	3	5	3	4	5	4

Q41

1から5までの数字カードが2まいずつあります。足りないカードは？

1	5	2	2	3	1	3	4	4

答え（こたえ） (35)9　(36)5　(37)4　(38)2　(39)1　(40)2　(41)5

Q42

3と5と8の数字カードが2まいずつあります。足りないカードは？

8　3　5　5　8

Q43

3と5と8の数字カードが2まいずつあります。足りないカードは？

5　8　3　3　8

Q44

0から9までの数字カードが2まいずつあります。ならべてみるとカードが足りません。足りないカードは？

5　5　0　4　8　6　2

2　3　9　7　3　7　1

8　4　6　9　0

Q45

0から9までの数字カードが2まいずつあります。ならべてみるとカードが足りません。足りないカードは？

7	2	1	4	0	3	6
8	0	5	7	1	4	8
2	6	3	9	9		

Q46

12とむかいあう数(かず)は6，1とむかいあう数は7，3にむかいあう数は9といえばなに？

Q47

いえのカベにペンキをぬるじゅんびをしています。カベに「100－1」と書(か)いてあります。このカベは何色(なにいろ)にぬるのでしょうか。

答(こた)え (42)3　(43)5　(44)1　(45)5　(46) 時計　(47) 白

(47) 漢字の百から一を引くと白。

Q48

子どもたちが一れつにならんでいます。ゆうかさんのまえには6人，うしろには7人ならんでいます。ならんでいるのはぜんぶでなん人?

Q49

3が2, 9が1, 15が4のとき23はなんですか?

Q50

つぎの数字をあるものであらわすとき，1は1, 2は2, 3は3, 4は5のとき, 5はなんですか?

Q51

数字をあるものであらわすとき，5－1＝3, 4－2＝3, 8－1＝1だとすると4－3は?

Q52

アメリカの国旗にかかれている星の数は?

Q53

せかいの国旗の中でもっともおおくの色がつかわれているのはエクアドル共和国です。なんしゅるいの色がつかわれている?

Q54

いま，なんじ？

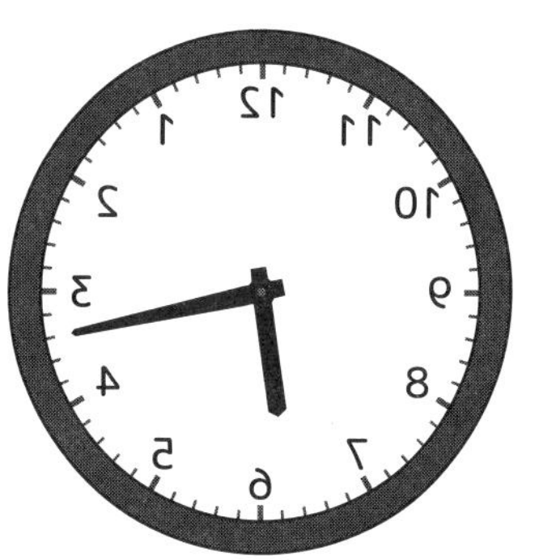

答え（こたえ） (48)14 人　(49) 6　(50)4　(51)2　(52)50　(53)9
(54)6 時 17 分

(48) ゆうかさんを入れると，6＋1＋7で14人。

(49) 数字の読み方を平仮名で書いたときの平仮名の数を書くルール。3は「さん」なので2，9は「く」なので1，15は「じゅうご」なので4，23は「にじゅうさん」なので6。

(50) 数字を漢字で書いたときの画数を書くルール。1は「一」なので1，2は「二」なので2，3は「三」なので3，4は「四」なので5，5は「五」なので4。

(51) 数字を漢字で表したときの画数で行う計算。問題の4－3は，四が五画，三が三画だから，五画－三画で二画になるから正解は2。

(52) いろいろな国旗に星が描かれているなかで，星の数が最も多いのはアメリカ合衆国の「星条旗 (The Stars and Stripes)」で 50 個。星は州の数を表している。

(53) 黄色・青・赤・緑・白・茶色・山吹色・水色・グレーの9種類が使われている。

Q54 :「なんじなんぷん」の問題。二人組で相談させると活発に話し合います。

デジタル数字クイズ

デジタル数字の０から９です。

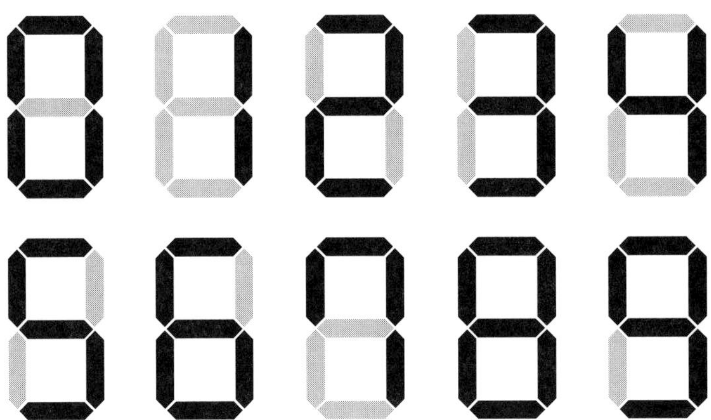

問題の式が正しい式になるように不足している線を左辺に書き足しましょう。

Q55

Q56

Q57

5+5=12

Q58

13−3=4

Q59

2+3=11

＊こたえが
2つあり
ます。

答え　(55)3を8に　(56)3を8に　(57)5を6に　(58)3を9に
(59)2を8にするか3を9にする

(55) 3＋1＝9→8＋1＝9

(56) 3−1＝7→8−1＝7

(57) 5＋5＝12→6＋6＝12

(58) 13−3＝4→13−9＝4

(59) 2＋3＝11→8＋3＝11　または　2＋9＝11

デジタル数字の０から９です。

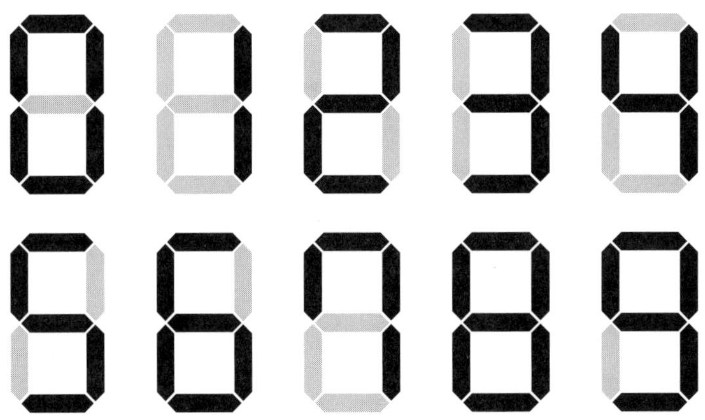

問題の式が正しい式になるように不足している線を左辺に書き足しましょう。

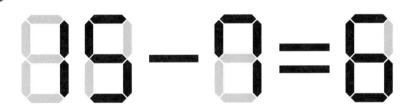

Q60

15－7＝6

Q61

0から9のデジタルの数字の中で，ひっくり返しても同じ数字になるものは?

Q62

デジタルの数字で，ひっくり返しても同じ数になる2けたの数は?

答え(こた) (60)7を9にする　(61) 0, 1, 2, 5, 8
(62) 11, 22, 55, 69, 88

(60) 15－7＝6→15－9＝6

(61) 本(ほん)をひっくり返して確認(かくにん)してみよう。

(62) 本をひっくり返して確認してみよう。

拡大したデジタル数字を用意すると説明しやすいクイズです。

1年（ねん） マッチぼうクイズ

Q63

マッチぼうを1本（ぽん）うごかして正（ただ）しい式（しき）にしよう。

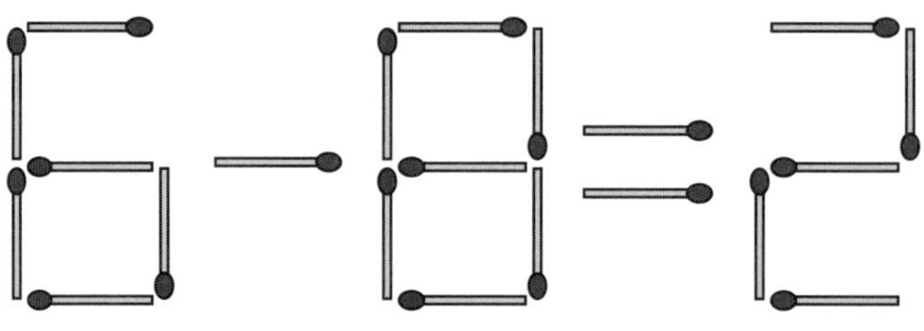

Q64

マッチぼうを4本（ほん）つかってこたえが10になる式をつくりましょう。

Q65

マッチぼうを1本うごかして正しい式にしよう。

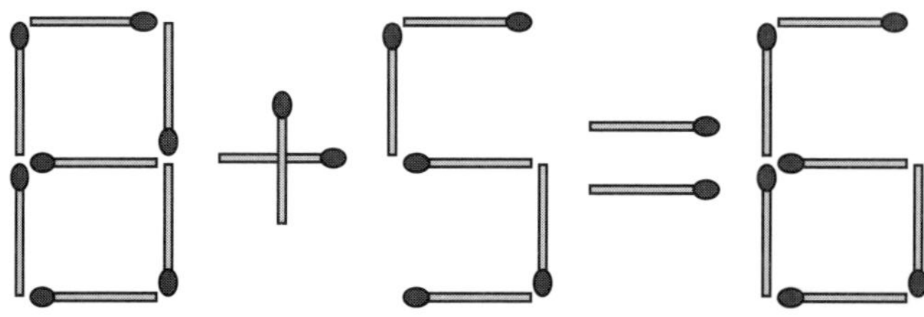

答(こた)え

(63)6 = 8 − 2 にする。

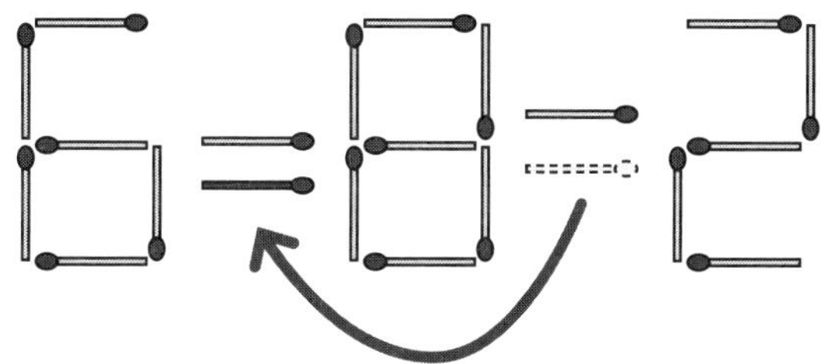

もしくは，8 − 6 = 2 にする。

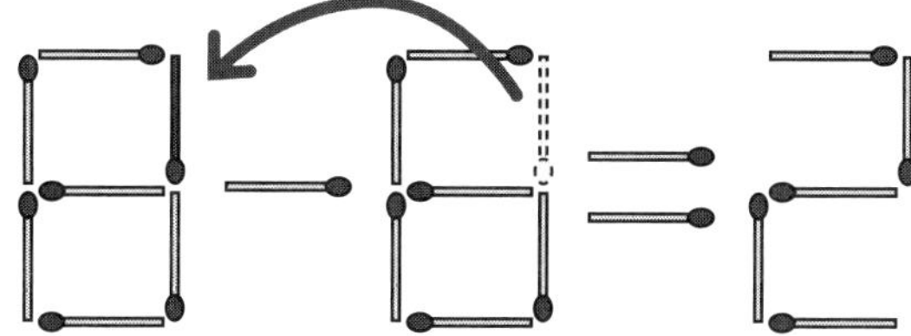

(64)11 − 1 をつくる。（11 − 1 = 10）

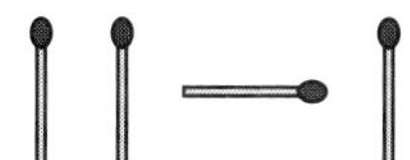

(65)0 + 6 = 6

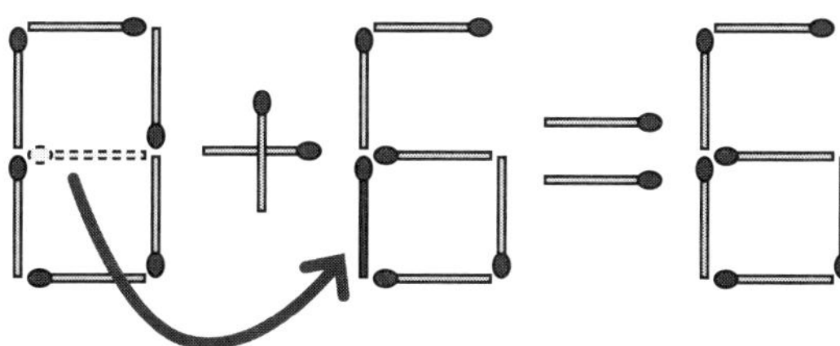

Q66

マッチぼうを1本うごかして正しい式にしよう。

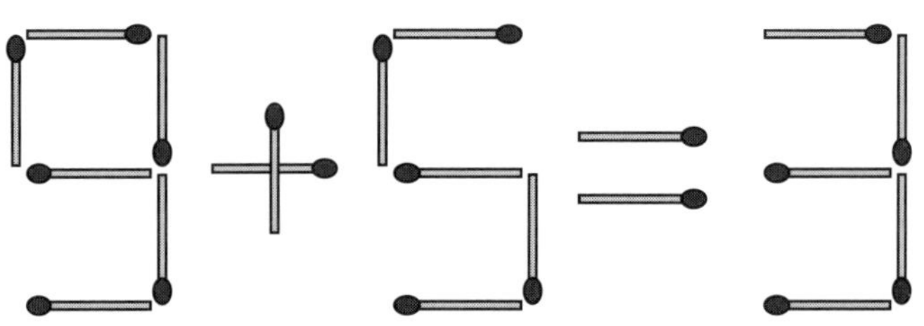

Q67

マッチぼうを2本うごかしてお手玉をかごのそとに出しましょう。

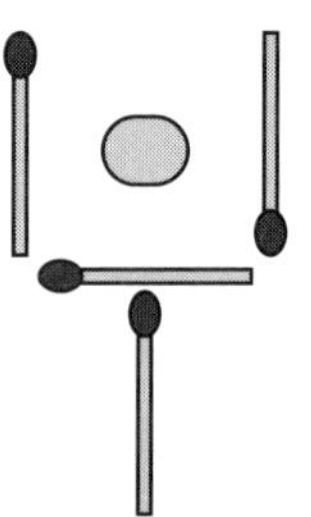

Q68

左むきのウシがいます。 2本うごかして右むきにしましょう。

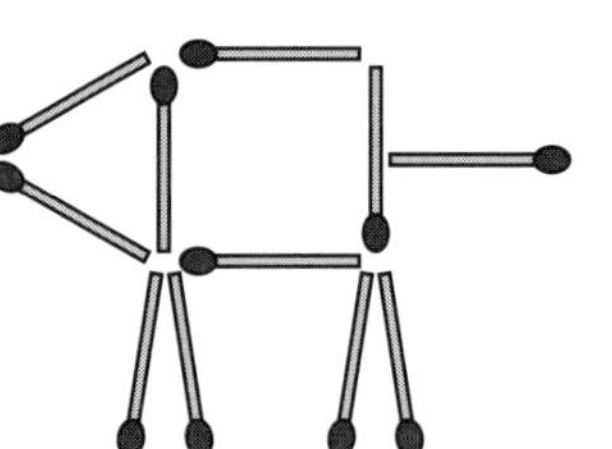

答え

(66)9 − 6 = 3にする。

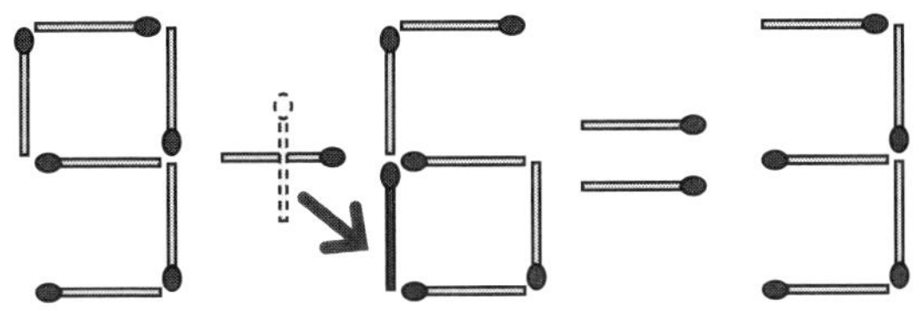

もしくは，8 − 5 = 3にする。

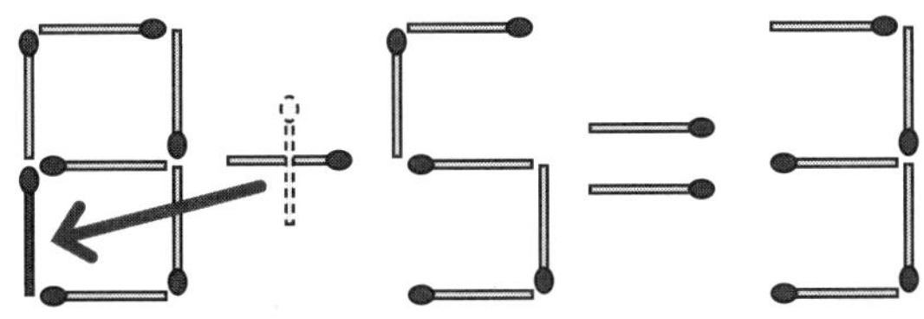

(67) ①真ん中のマッチぼうを横にずらす。 ②左上のマッチぼうを右下に持ってくる。

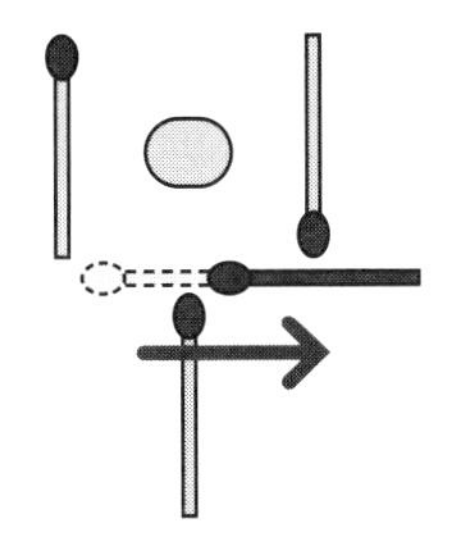

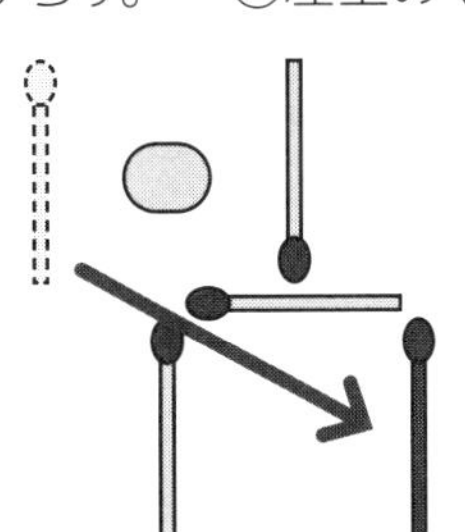

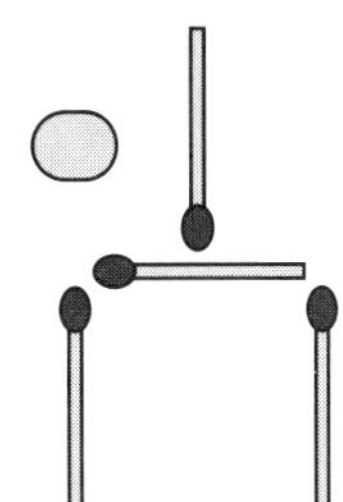

(68) 左の三角の頂点を右に持ってくる。

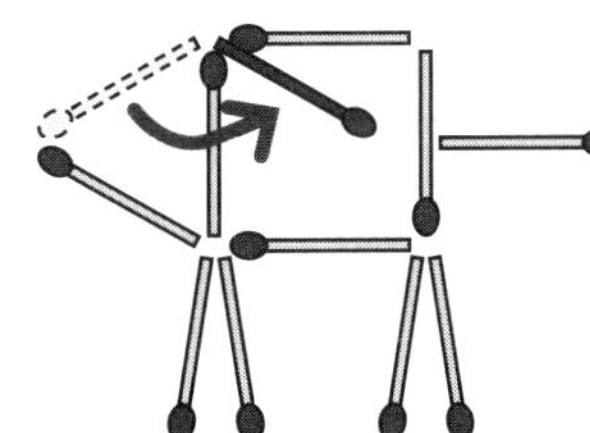

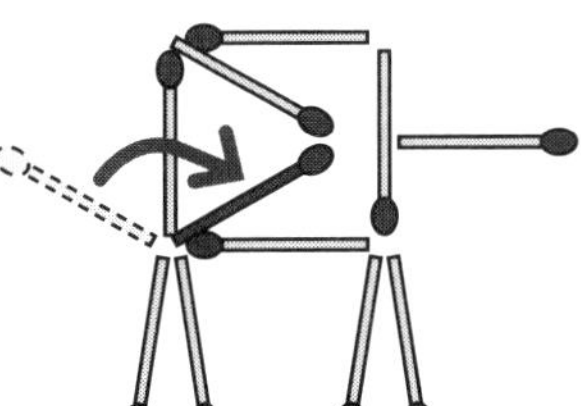

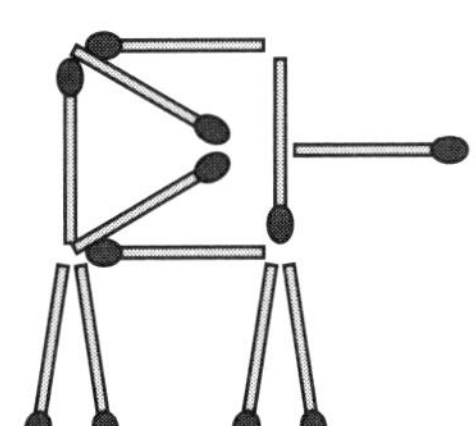

マッチ棒の計算クイズは，たし算，ひき算のまとめに使えます。計算棒でもOKです。

こたえ

②カエル

じっさいに，おり紙でやってみよう。

2年

ブロックを使(つか)って上むきの三角(かく)をつくりました。
3こだけ動(うご)かして下むきの三角に変(か)えましょう。

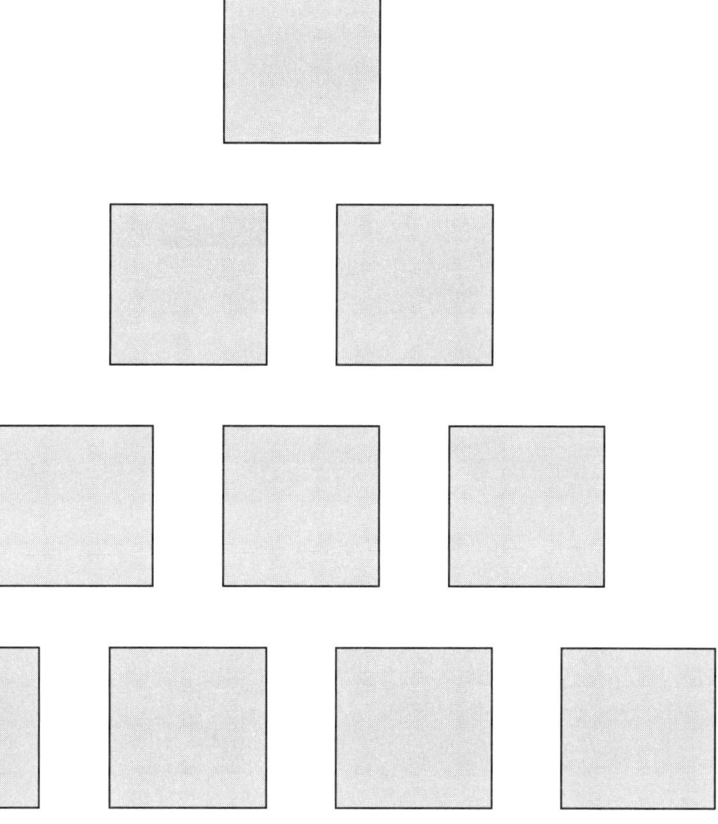

▶こたえは，50 ページにあります。

2年 数字ルールさがしクイズ

◆数字のならび方のルールを見つけ，（　　）の中に数字をいれましょう。

Q69

68 → 48 → 32 →（　　）

Q70

2 → 8 → 5 → 11 → 8 → 14 →（　　）→ 17 → 14

Q71

1 → 4 → 9 → 16 → 25 → 36 →（　　）

Q72

7 → 4 → 1 → 8 → 5 → 2 → 9 → 6 →（　　）

Q73

4 → 8 → 2 → 6 →（　　）→ 4 → 8 → 2 → 6

Q74

7142128354（　　）495663

Q75

7(　　)645648403224168

Q76

1，5，10，50，100，500，1000，(　　)，5000，10000

答え　(69)6　(70)11　(71)49　(72)3　(73)0　(74)2　(75)2　(76)2000

(69) 二つの数をかけた答えを書くルール。
6×8＝48，4×8＝32，3×2＝6

(70) 一つ飛びで数字を取り出すと，「2→5→8→(　)→14」で，残りが「8→11→14→17」。それぞれ3ずつ増えるルール。8＋3＝11。

(71) 1から順に同じ数字をかけ合わせた答えを書くルール。
1×1は1，2×2は4，3×3は9……そして，7×7は49。

(72) 7の段のかけ算で，答えの1の位しか書かないルール。7，14，21，28……の1の位だから，7，4，1，8……。7×9で63になるから3。

(73) 4の段のかけ算で，答えの1の位しか書かないルール。4，8，12，16……の1の位だから，4，8，2，6……。4×5で20になるから0。

(74) 7の段のかけ算の答えを並べるルール。区切りを入れると7，14，21，28，35，4(　)，49，56，63。7×6＝42だから(　)は2。

(75) 8の段の答えを8×9から逆に並べるルール。区切りを入れると72，64，56，48，40，32，24，16，8。8×9＝72だから(　)は2。

(76) 1円玉，5円玉，……日本で使われている硬貨と紙幣を額の小さい方から順に並べるルール。1000円札の次は2000円札だから2000。

かけ算のまとめに使える問題です。かけ算九九表を提示するといいヒントになります。

2年 数字とんちクイズ

◆数字をつかった，とんちクイズにちょうせんしよう！

＊とんちクイズ……ダジャレやことばあそびをつかったクイズだよ。

Q77

＋＋＋＝20，－－－＝0。それでは＋－－は？

Q78

さかさまにすると33へる数字は？

Q79

「15」「74」のなかまはどれ？

①86　②831　③877

Q80

くまのプーさんが大好きな田中さんが，車の番ごうにつけた3けたの数は？

Q81

けんたさんは，どうぶつ園でお金をおとしました。いくらおとしたでしょうか。

Q82

よく切れる3けたの数字は？

Q83

苺，西，肉，珊瑚，獅子のなかまは？

①午前　②午後　③夕方

答え　(77)9　(78)99　(79) ③　(80)832　(81)200 円　(82)833　(83) ②

(77) 漢字の数字「十」「一」と，計算きごうの「+」,「−」がまざっている式。
+++は，10+10で20。−−−は，1−1で0。+−−は10−1で9。

(78) 99をさかさまにすると66だから，99−66で33。

(79) くだもののなかま。
「15」=いちご,「74」=なし,「877」=バナナ。

(80) くまのプーさんは832（はちみつ）が大好き。

(81) どうぶつ園は，えい語で「ZOO」。「ZOO」は200ににている。

(82) 8「はち」の「は」，3「さん」の「さ」，3「みっつ」の「み」で「はさみ」

(83) 九九を漢字で書いたなかま。
苺は1×5，西は2×4，肉は2×9，珊瑚は3×5，獅子は4×4。正解の午後は5×5。

Q84

いつもイチゴをのせている数字はなに?

Q85

葉(は)が4まいあると大よろこびされる植物(しょくぶつ)は?

①149　②968　③310

Q86

つぎの中で,空をとべるものは?

①2960　②6256　③145

Q87

「ありがとう」が27のとき,岩(いわ)は?

答え (84)22 (85) ② (86) ① (87)54

(84) カレンダーではいつも22日の上には15日が来る。だから，毎月 22 日はショートケーキの日。(15（いちご）が上にのっているから)

6						
SUN	MON	TUE	WED	THU	FRI	SAT
			1	2	3	4
5	6	7	8	9	10	11
12	13	14	15	16	17	18
19	20	21	22	23	24	25
26	27	28	29	30		

(85) 149（イチジク），968（クローバー），310（ミント）。

(86) 2960（フクロウ），6256（ムツゴロウ），145（ひよこ）

(87) 感謝は英語でサンキュー（39）なので 27。岩はロック（69）なので 54。

とんちクイズは数に興味を持つ子どもを増やす問題です。

3たくクイズ

Q88

三角形という意味のがっきは？

①トライアングル　②ギター　③ピアノ

Q89

つぎの三辺の組み合わせで，三角形ができるのは？

①3cm　8cm　4cm
②4cm　8cm　4cm
③5cm　8cm　5cm

Q90

かけ算九九で，答えの一の位と十の位を足すとどれも同じ数字になる段は？

①三の段　②八の段　③九の段

Q91

よく見るトイレットペーパーのはばは？

①100mm　②114mm　③ 120mm

Q92

囲碁(いご)で使(つか)われる白石と黒(くろ)石の大きさは？

①白が大きい　②黒が大きい　③同じ

答(こた)え　(88) ①　(89) ③　(90) ③　(91) ②　(92) ②

(88) 昔のトライアングルは二等辺三角形をしていたけど，今は正三角形。

(89) ①は，短い二つの辺の長さを合計すると3＋4で7cm。一番長い8cmの辺より短いから三角形にならない。②は，4＋4で8cm。一番長い辺と同じ長さになるから三角形にならない。

(90) 九の段の答えは，9, 18, 27, 36, 45, 54, 63, 72, 81。どれも一の位と十の位を足すと9になる。

(91) トイレットペーパーの標準規格は，日本の産業製品に関する規格や測定法などが定められている日本工業規格（JIS）で定められている。日本がトイレットペーパー作りの参考にしたアメリカのトイレットペーパーの幅が4.5インチ（114mm)。ヨーロッパでは少し短い幅100mmが一般的。

(92) 碁石の基準サイズは白石が直径 21.9 センチ，黒石が直径 22.2 センチ。厚さも黒石が白石より厚い。同じ大きさだと白石が黒石より大きく見えるから同じ大きさに見えるように工夫されている。

Q92：実物を見せて考えさせたい問題です。

Q93

4と3なら2，3と5なら4，6と3なら6，それでは8と2では？

①8　②12　③16

Q94

かけ算九九をひらがなで書きました。ふつう言わないのは？

①にろくがじゅうに　②はちいちがはち　③さざんがく

Q95

かけ算九九の1の段の答えを合計すると45。5の段の答えを合計するとぜんぶでいくら？

①90　②180　③225

Q96

1から100の数字の中で，5や35のように5が使われている数はいくつ？

①19　②20　③21

Q97

1×1から9×9までの九九で，答えの1の位(くらい)が9になるのはいくつ？

①2つ　②3つ　③4つ

答え(こたえ) (93) ② (94) ① (95) ③ (96) ① (97) ③

(93) 二つの数字の大きい方から小さい方を引いた答えを二倍するルール。6と3なら6－3は3，3×2で6。8と2だから8－2で6，6×2で12。

(94) かけ算九九では，答えが10より小さいときだけ，「しにがはち」「くいちがく」のように，式と答えの間に「が」をつける。正しくは，「にろくじゅうに」。

(95) 1の段の答えを全部足すと45。2の段の答えの合計は1の段の答えに2をかけた 90。5の段だと，1の段の答えに5をかけた 225。

(96) 一の位が5の数は5，15……95と10，十の位が5のものが，50，51，……59と10。合わせて 20。55は両方にあるので1引いて 19。

(97) 1×9＝9，3×3＝9，9×1＝9，7×7＝49の4つ。

かける数（横）／かけられる数（縦）

	1	2	3	4	5	6	7	8	9
1	1	2	3	4	5	6	7	8	9
2	2	4	6	8	10	12	14	16	18
3	3	6	9	12	15	18	21	24	27
4	4	8	12	16	20	24	28	32	36
5	5	10	15	20	25	30	35	40	45
6	6	12	18	24	30	36	42	48	54
7	7	14	21	28	35	42	49	56	63
8	8	16	24	32	40	48	56	64	72
9	9	18	27	36	45	54	63	72	81

Q98

同じ物を1こ買うと80円，2こ買うと60円になるとき，3こ買うと？

①40円　②50円　③60円

Q99

4と3では17, 5と2では37, 9と6では315, 8と4では？

①124　②324　③412

Q100

一時停止のひょうしきの形は？

①三角形　②正方形　③台形

Q101

飛行機の出ぱつ時こくは？

①とびらがしまるとき
②車りんが回てんを始めたとき
③りりくしたとき

Q102

八十八夜(や)はいつから数(かぞ)えて８８日目？

①元日(がん)　②4月1日　③立春(りっしゅん)

Q103

日本ではかけ算を9×9まで暗記(あんき)するが，インドではいくつまで暗記する？

①12×9まで　②15×15まで　③19×19まで

答え(こた)　(98) ①　(99) ③　(100) ①　(101) ②　(102) ③　(103) ③

（98）１００円玉で２０円の品物を買ったときのお釣り。

1個買うと２０円だからおつりは８０円。２個買うと４０円だからおつりは６０円。３個買うと，６０円だからお釣りは４０円。

（99）二つの数字の差と和を続けて書くルール。

4−3が1, 4+3が7だから，4と3では17。8−4が4, 8+4が12だから8と4では412。

（100）

（101）反対に，到着時刻は「飛行機が停止した時間」。

（102）立春から数えて八十八日目にあたる日を八十八夜と呼ぶ。

種まきなど農作業を始める目安になっている。立春は，二十四節気（にじゅうしせっき）という紀元前の中国で生まれたこよみで，春の始まりで1年の始まりとされる日。２０２４年の立春は2月4日。

Q100：「形」の問題。交通標識や国旗の形をクイズにすると，形に興味を持つ子どもが増えます！

2年 いろいろなクイズ

Q104

4 times 3 =（　　）　（　　）に入るのは？

Q105

数字689が4，999が3，1375が0のとき，9107は？

①2　②3　③4

Q106

56+79の答えは135。それでは59+76の答えは？

Q107

142−64は78。それでは142−78の答えは？

Q108

3つのれんぞくする数（整数）を合計すると60になります。その3つの数は？

Q109

5×8×3×7×8×0×4の答えは？

Q110

1から9の整数を1回(かい)ずつ使(つか)って次(つぎ)の式(しき)を完成(かんせい)しましょう。

□＋□＝□　□－□＝□　□×□＝□

答(こた)え　(104)12　(105) ①　(106)135　(107)64　(108)19, 20, 21　(109)0
(110) 例 4 + 5 = 9，8 － 1 = 7，2 × 3 = 6

(104) 英語の「times」は「かける」の意味。よって4×3＝12

(105) 数字の中にある線で閉じた部分の合計。Q6参照。
9107は，1+0+1+0=2。

(106) 十の位は5と7, 一の位は6と9で変わらないので，正解（和）は変わらない。

(107) 引かれる数は142で変わらないので，引く数と答えを入れ替えても式は成立する。

(108) 20と20と20で60。三つの連続する整数だと，一つ少ない数と一つ多い数を使って，19　20　21。

(109) かけ算だけの式に×0が入っているとき答えは0。

(110) 数字が1回ずつしか使えないので，かけ算の式は2×3＝6か2×4＝8しかない。2×3＝6の場合，残った数は145789。2×4＝8の場合，残った数は135679。この中で足し算と引き算にできるものは，「178」のグループと，「459」のグループ。よって，

1 + 7 = 8 , 9 − 4 = 5 , 2×3 = 6

1 + 7 = 8 , 9 − 5 = 4 , 2×3 = 6

4 + 5 = 9 , 8 − 1 = 7 , 2×3 = 6

4 + 5 = 9 , 8 − 7 = 1 , 2×3 = 6

（足し算とかけ算はぎゃくでもOK）

Q111

かけ算九九で，答えが一回しか出てこない式を全部見つけましょう。

Q112

時計に1本の直線を引いて，2つに分けた1～12 の数の合計が同じになるようにしましょう。

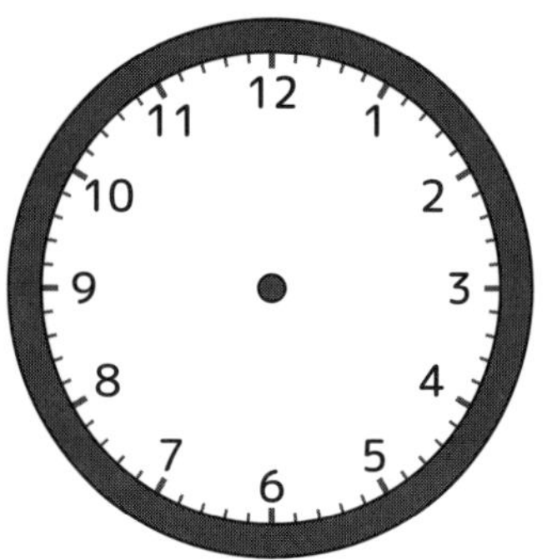

Q113

時計に2本の直線を引いて，3つに分けた1～12 の数の合計が同じになるようにしましょう。

Q114

時計に5本の直線を引いて，6つに分けた1～12 の数の合計が同じになるようにしましょう。

<ruby>答<rt>こた</rt></ruby>え

(111) 1×1=1, 5×5=25, 7×7=49, 8×8=64, 9×9=81

(112)(113)(114) 下の図

（112）10 + 11 + 12 + 1 + 2 + 3 = 39　4 + 5 + 6 + 7 + 8 + 9 = 39

（113）11 + 12 + 1 + 2 = 26　3 + 4 + 9 + 10 = 26　5 + 6 + 7 + 8 = 26

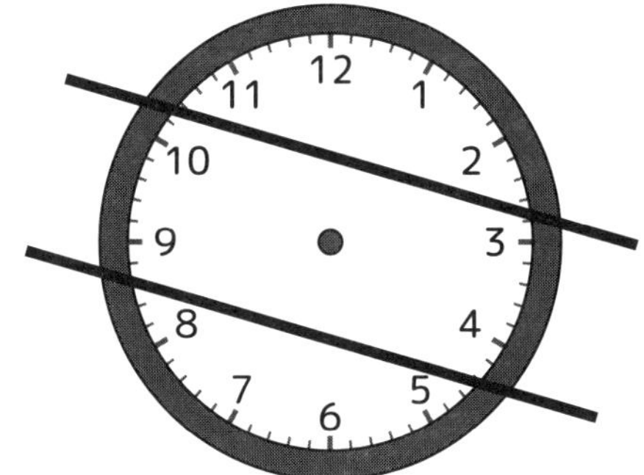

（114）12 + 1 = 13　11 + 2 = 13　10 + 3 = 13　9 + 4 = 13　8 + 5 = 13
7 + 6 = 13

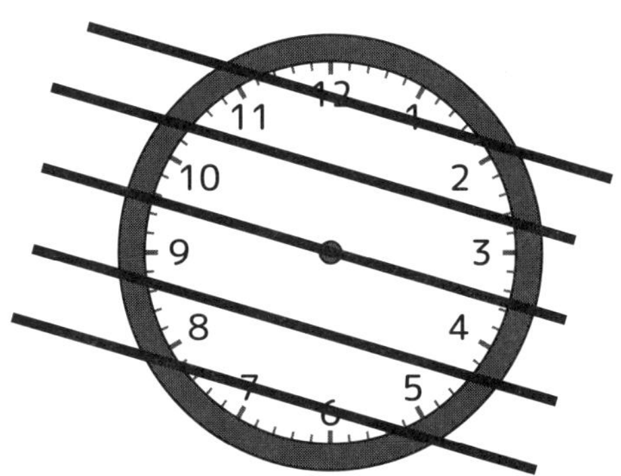

「時こくと時間」,「たし算」を合わせたクイズです。定規を用意して考えさせましょう。

マッチぼう＆デジタル数字クイズ

デジタル数字は 22 ページにあります。

Q115

マッチぼう8本で正方形を14こ作りましょう。

Q116

マッチぼう3本をとって正方形を3つにしましょう。

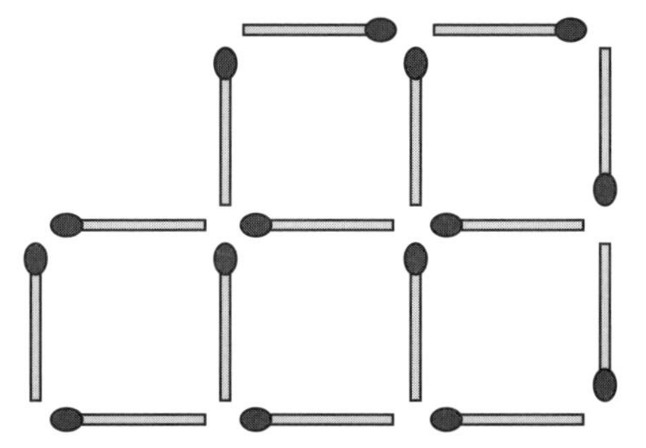

Q117

マッチぼう4本をうごかして正方形を3つにしましょう。

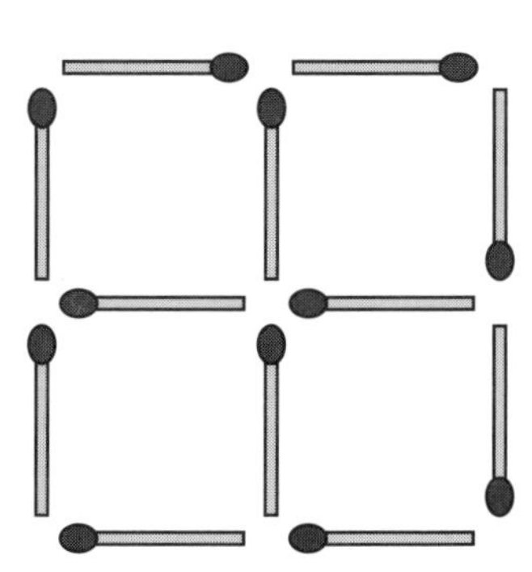

Q118

デジタルの数字で，ひっくりかえしても同(おな)じ数になる3けたの数を8つ見つけよう。

Q119

デジタルの数字で，ひっくりかえしても同じ数になる4けたの数を8つ見つけよう。

答(こた)え

(115)(116)(117) 下の図　(118) 111, 101, 222, 262, 282, 609, 808, 689, 888, 906　＊全部で 10 あります。

(119) 0110, 0220, 0690, 1691, 1881, 2002, 2112, 2222, 2882, 2692, 2962, 6009, 6119, 6889, 6229, 8008　＊全部で 16 あります。

(115) 1ますの小さい正方形9こ，4ますの正方形4こ，全体の正方形1こ

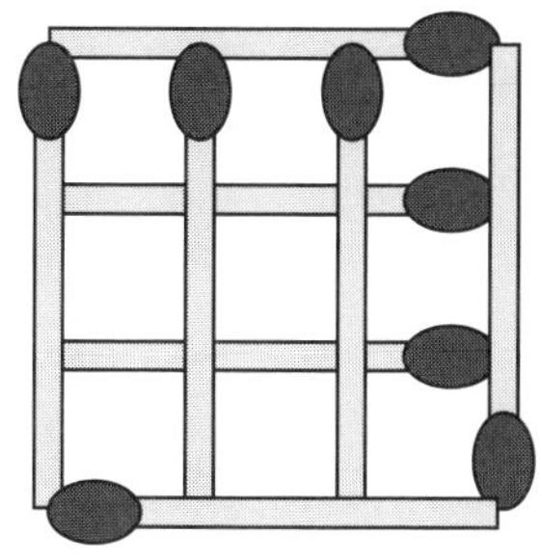

(116)

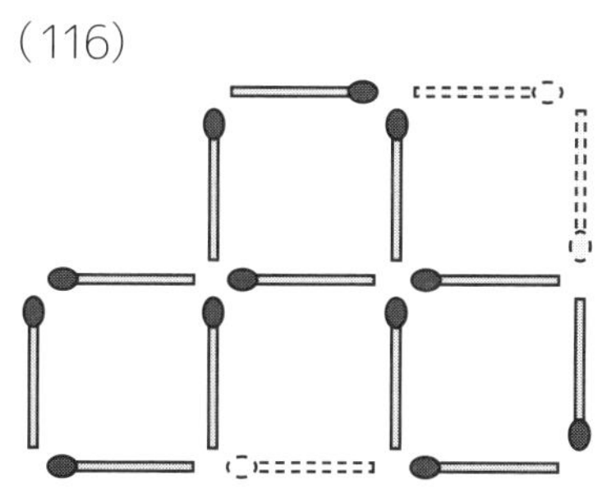

(117)

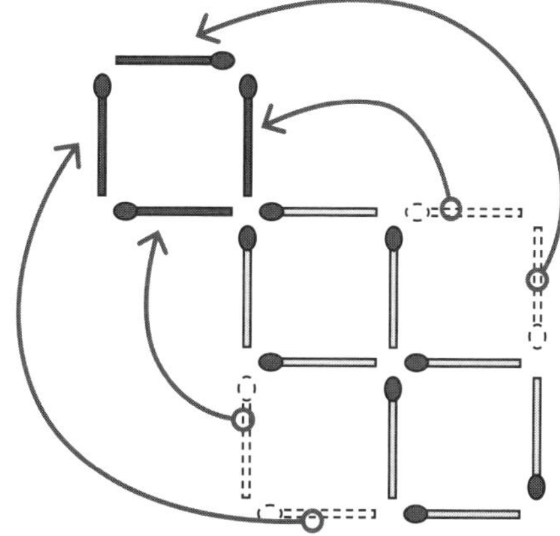

Q115 :「正方形」の特徴を意識させるクイズです。計算棒でも OK です。

こたえ

一番上のブロック①を一つ下の左におく。

一番下の②のブロックを一つ下の中おうにおく。

一番下の③のブロックを①をおいた段の右におく。

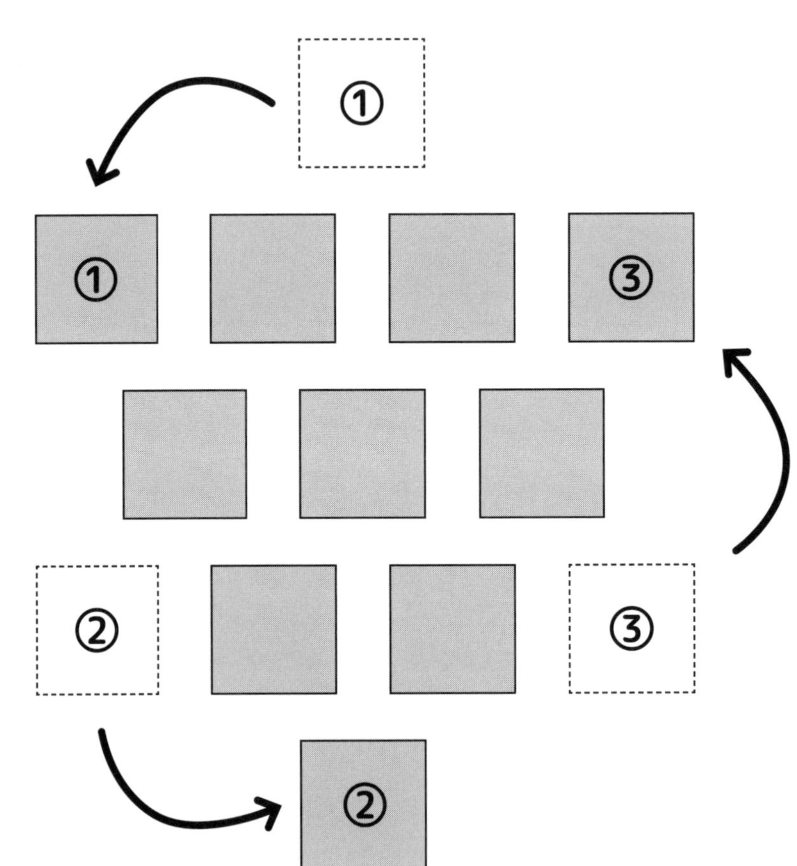

3年

紙で輪(わ)を２つ作り，十字につなげました。
点線の部(ぶ)分をはさみで切るとどんな形になるでしょうか。

▶こたえは，74 ページにあります。

3年 数字ルールさがしクイズ

◆数字のならび方のルールを見つけ，（　　）の中に数字をいれましょう。

Q120

3 → 7 → 15 → 31 →（　　）→ 127

Q121

20 50 110, 45 45 90, 70 10（　　）,
150 20 10

Q122

0.1 → 0.2 → 0.3 → 0.5 → 0.8 →（　　）

Q123

0.1 → 0.2 → 0.4 → 0.7 → 1.1 → 1.6 →（　　）

Q124

1 → 8 → 27 →（　　）→ 125

Q125

1 → 11 → 20 → 28 →（　　）→ 41 → 46 → 50

Q126

2 → 12 → 30 → 56 →（　　）

答え（120）63　（121）100　（122）1.3　（123）2.2
（124）64　(125) 35　(126) 90

（120）数字を2倍して1足すルール。

3×2＝6, 6＋1＝7, ……31×2＝62, 62＋1＝63

（121）3つ区切りで合計が180になるルール。

70と10で80, 180−80＝100。

（122）前の二つの数を足すルール。

0.1＋0.2＝0.3, 0.2＋0.3＝0.5となり, 0.5＋0.8＝1.3

（123）増える数が, 0.1, 0.2, 0.3と0.1ずつ増えるルール。

1.6＋0.6＝2.2

（124）1から順に, 同じ数を三回かけた答えを書くルール。

1×1×1＝1, 2×2×2＝8, 3×3×3＝27, 4×4×4＝64, 5×5×5＝125

（125）増える数が, 10, 9, 8, 7……と1ずつ減るルール。

（126）1から順にとなりの数同士をかけるルール。

1×2＝2　3×4＝12　5×6＝30　7×8＝56　9×10＝90

計算の学習の導入やまとめで使えるクイズです。

3年 3たくクイズ

Q127

15000円は2，20000円は2，22000円は3のとき，36000円はいくつ？

①3　②4　③5

Q128

今使われているお札のたてと横の長さの説明で正しいのは？

①たても横も価格が上がると少しずつ長くなっている。
②たては千円札だけ他のお札より少し短い，横は全部同じ。
③たては全部同じで横は価格の順に少しずつ長くなっている。

Q129

正午とはちがう時こくは？

①午前0時　②午後0時　③午前12時

Q130

時間を表すときに使う「秒」の語源は？

①小さなすすな　②いねの先のかたい毛　③雨の音

Q131

天気予報（よほう）の「くもり一時雨」は，全体の時間のうち雨がどれぐらいれんぞくして降（ふ）ること？

①3分の1 未満（みまん）　②4分の1未満　③5分の1未満

答（こた）え　（127）③　（128）③　（129）①　（130）②
（131）②

（127）その金額になるお札の最小枚数。

15000円は，一万円札1枚と五千円札1枚だから2。20000円は，一万円札2枚だから2。22000円は一万円札2枚と2千円札一枚で3。36000円は，1万円札3枚と五千円札1枚と千円札1枚だから5枚。

（128）縦は7.6センチで全部同じ。横は価格が高くなるほど長い。

千円札：15センチ，二千円札：15.4センチ，五千円札：15.6センチ
一万円札：16センチ

（129）正午は「午後0時」「午前12時」と同じ時刻。

（130）「禾」（穀物）＋「少」（わずかなもの）。

もとは，稲の先の「のぎ」（穂先の固い毛）を意味していた。「秒」は「わずかなもの」の意味。

（131）一時雨とは，「雨が連続的に降り，その降っている時間が予報期間の1/4未満の場合」（出典　気象庁HP）

3年　3たくクイズ

Q132

天気予報の「くもり時々雨」は，全体の中でどのくらいの時間雨が降り続けること？

①4分の1未満　②3分の1未満　③2分の1未満

Q133

沖縄県の与那国島から北海道の礼文島まで，ゆうびんハガキを出すと切手代は何円？

①63円　②110円　③360円

Q134

ＣＤの最大収録時間は，はじめのころは最大74分42秒だった。この時間は何と関係があると言われている？

①大学の講義時間
②ベートーベン作曲「交響曲第９番」のえんそう時間
③パリからベルリンまで特急列車でかかる時間

Q135

次の硬貨の中で直けいが一番長いのはどれ？

①10円玉　②50円玉　③100円玉

Q136

3で割(わ)り切れるのはどれ？

①213259410　②333233333　③917354869

Q137

478478, 257257, 189189の三つとも割り切れる数は1位(い)数の中で1と何？　＊1位数……1ケタの数のこと。

①2　②7　③8

3年
3たくクイズ

答(こた)え　(132) ③　(133) ①　(134) ②　(135) ①　(136) ①　(137) ②

（132）時々雨は「雨が断続的に降り，その降っている時間が予報期間の1／2未満の場合」（出典　気象庁HP）

（133）縦が14cmから15.4cm，横が9cmから10.7cmの長方形で，重さが2gから6gのゆうびんハガキなら，日本全国どこからどこに出しても63円。2023年9月1日現在。

（134）ベートーベンの「交響曲第9番」が録音できる時間にするために設定されたと言われている。

（135）5円玉：2.2センチ，10円玉：2.35センチ，50円玉：2.1センチ
100円玉：2.26センチ，500円玉：2.65センチ

（136）数字の合計が3で割り切ることができるかどうかでわかる。①は数字の合計が27。27÷3＝9と割り切ることができるから3の倍数。②の合計は26，③の合計は52で3で割り切ることができないから，②と③は3で割り切れない。

（137）三桁の整数を繰り返す351351のような数字は，必ず7で割り切れる。

Q137：ある整数が1から9の整数で割り切れるかどうかの知識が必要なクイズです。

Q138

そろばんで49を表(あらわ)すと，いくつの珠(たま)を使(つか)う？

①4　②9　③13

Q139

49×81×63の答えを割(わ)り切ることのできる数字はどれ？

①2　②5　③7

Q140

えん筆(ぴつ)より400円高い本を買った。えん筆と本の価格(かかく)の合計が430円だとえん筆は何円？

①15円　②20円　③30円

Q141

1時間ごとに時間の数だけ時ほうが鳴る時計があります。4時の時ほうを鳴らすのに3秒かかりました。この時計が8時の時ほうを鳴らすのにかかる時間は？

①6秒　②7秒　③8秒

Q142

□−△＝3，□×△＝40のとき，△はいくつ？

①3　②5　③8

答え（こた）　(138) ②　(139) ③　(140) ①　(141) ②　(142) ②

（138）一の位の9は，一珠4個と五珠を1個，十の位の4は，一珠4個を使うから合計で9個の珠を使う。

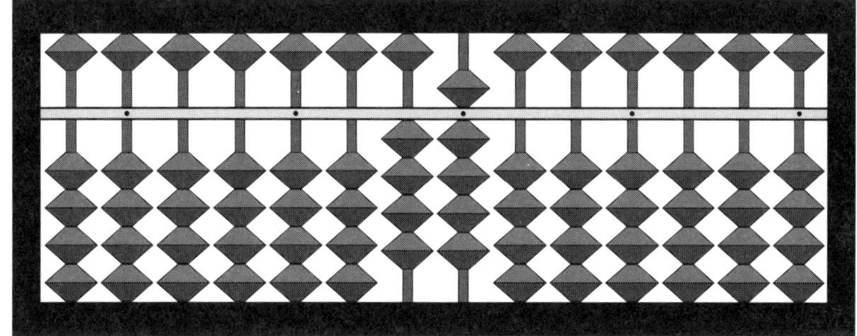

（139）かけている数の一つでも割り切れる数は，かけ算の答えも割り切れる。7は49を割り切ることができるけれど，2と5はどの数も割り切ることができないから，計算をしなくても7で割り切れるとわかる。

（140）鉛筆が30円で本が400円だと，本は鉛筆より370円高いことになるから間違い。鉛筆15円で本が415円。

（141）最初の時報から1秒置きに時報がなることになるから，時刻から1を引いた数字だけ時間がかかる。8−1で7秒かかる。

（142）差が3，積が40の二つの数字を見つける。差が3に着目して，5と2，6と3，7と4，8と5と計算していくと，8と5の時に積が40になるから，□は8，△は5になる。

Q143

そろばんで計算が終(お)わった後，珠(たま)をはらい計算する前のまっさらなじょうたいにすることを何という？

①ご破(は)算　②ご決(けっ)算　③ご精(せい)算

Q144

ちょうど10ｃｍの長さなのはどれ？

①えん筆(ぴつ)の長さ　②文庫(こ)本の横はば　③ゆうびん葉書(はがき)の横はば

Q145

学校で使う2しゅるいの三角定規(じょうぎ)にない角度(ど)は？

①50度　②60度　③90度

Q146

5円玉，10円玉，50円玉で一番重(おも)いのは？

①5円玉　②10円玉　③50円玉

Q147

三角形の三辺(ぺん)の長さの組み合わせです。間ちがっているのはどれ？

①5cm 5cm 5cm　②6cm 3cm 3cm　③5cm 4cm 3cm

Q148

やぶれた一万円札(さつ)は面(めん)せきがどれぐらいあると，銀(ぎん)行で一万円札と交かんしてもらえる？

①2分の1　②3分の2　③4分の3

答(こた)え　(143) ①　(144) ③　(145) ①　(146) ②　(147) ②　(148) ②

（143）反対に，計算を始める時は「願いましては」という。

（144）郵便葉書は，切手が印刷してある郵便局などで販売されている葉書のことで横幅は10cm，縦14．8cm。文庫本は横幅は10．5cm，鉛筆は17．2cm。

（145）学習で使う三角定規には９０度４５度４５度の二等辺三角形と，３０度６０度９０度の直角三角形の二種類。

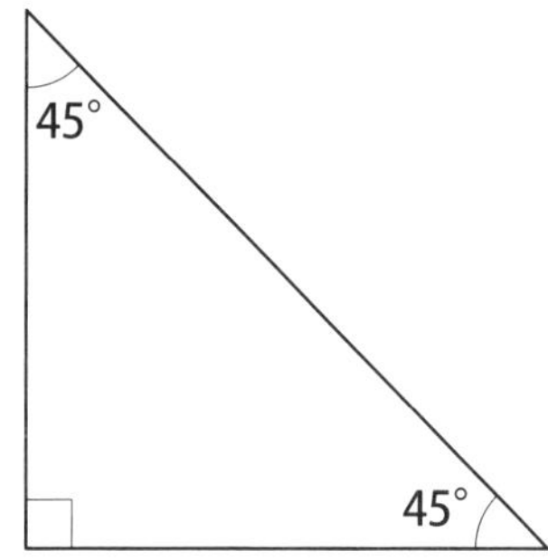

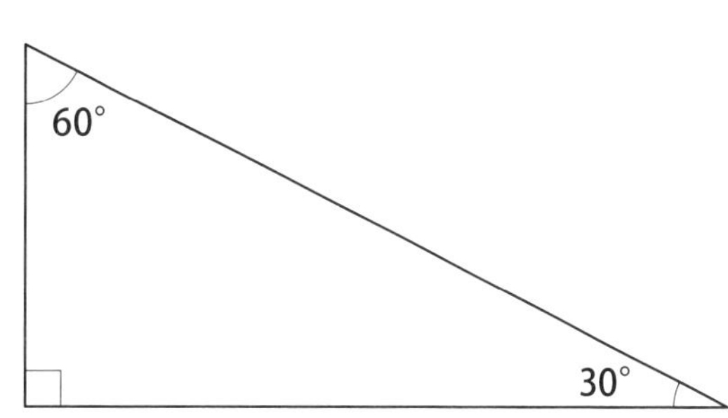

（146）５円玉は3．75g，10円玉は4．5g，50円玉は4．0g。ちなみに100円玉は4．8g，500円玉は7．0g。

（147）5cm 5cm 5cm は正三角形，5cm 4cm 3cm は直角三角形。6cm 3cm 3cm は，3cm の辺2つではもう1つの6cm の辺と重なるから三角形にならない。

（148）日本銀行は，お札（銀行券）が破れた時，面積が元の３分の２以上あると全額のお札と引き換えてくれる。表・裏両面があることが条件。

3年　3たくクイズ

Q147：「三角形」のクイズです。予想してから書かせてみたい問題です。

Q149

わり算の記号（ごう）÷で，二番目に書くのは？

①上の点　②横ぼう　③下の点

Q150

7と5で4，9と8で2，8と5で6の時，8と4では？

①6　②8　③12

Q151

3と4で35，2と8で50，6と9で75のとき，1と6では？

①35　②40　③45

Q152

1円玉2000この重さは？

①200g　②1kg　③2kg

Q153

日数が31日より少ない月を表す「西向（む）く侍（さむらい）」の侍が意味（いみ）している月は？

①6月　②10月　③11月

Q154

東京まで50kmと表示されているとき，東京のどこまでのきょり？

①国会議事堂（こっかいぎじどう）　②東京駅（とうきょうえき）　③日本橋（にほんばし）

3年

3たくクイズ

答え（こたえ）　(149) ①　(150) ②　(151) ①　(152) ③　(153) ③　(154) ③

(149) わり算の記号は，横棒→上の点→下の点の順で書く。日本では÷だが，国によっては「/」（スラッシュ）や「:」（コロン）が使われる。

(150) 7と5なら，7−5＝2，2×2＝4。2つの数字の差を2倍するルール。8と4は，8−4＝4，4×2＝8。

(151) 二つの数字の和に5をかけるルール。3と4だと和が7，5をかけると35。1と6だと和が7，5をかけると35。

(152) 1円玉は1個1gだから千個で1kg，2千個だと2kg。

(153) 月の日数が31日より少ない月は5つ。2（に）月，4（し）月，6（む）月，9（く）月，そして11月。侍は漢字で士とも書くから十と一で11月。

(154) 日本橋は東京都中央区の日本橋川にかかる橋。現在の日本橋は明治44年に建造された石橋で，中央に国道の起点になっている道路元標がある。

Q155

数をかけると720になるのはどれ？

①1から10の整数(せい)　②富士山(ふじ)の高さの整数部分の数字
③サイコロの6つの目

Q156

いくつかの数の和(わ)が10になる数をかけあわせたとき，最大(さい)になる積(せき)は？

①32　②36　③64

Q157

2と1で24，5と3で64，9と1で80になるとき，3と4では？

①56　②65　③55

Q158

1円玉は1まい1g，50円玉は1まい4g，500円玉は1まい7gです。次(つぎ)の中で，一番高額なのは？

①1円玉5Kg　② 50円玉500g　③ 500円玉140g

Q159

分数の真(ま)ん中にある横線の名前は？

①横線　②地平線(へい)　③括線(かっせん)

Q160

将棋ばんの目の数とオセロばんの目の数，多いのはどちら？

①将棋ばんの目の数　②オセロばんの目の数　③同じ

Q161

1g は1mg の何倍？

① 100 倍　② 1000 倍　③ 10000 倍

答え　(155) ③　(156) ②　(157) ①　(158) ③　(159) ③
(160) ①　(161) ②

（155）1から10の整数をかけると3628800。富士山の高さは 3776 メートル。3×7×7×6＝882。1から6のサイコロの目をかけると720。

（156）2×2×2×2×2だと32，4×6だと24といろいろ計算してみると，積が最大になるのは2×2×3×3と4×3×3の時で36。

（157）二つの数を足した答えに8をかけるルール。

例えば2と1を足すと3，3に8をかけると24。問題は3と4だから，足して7，8をかけると56。

（158）1円玉，5Kgだと5000枚で5000円。50円玉，500gだと125枚で6250円，500円玉，140gだと20枚で10000円。

（159）上の数（分子）と下の数（分母）を一括りにして一つの数字という意味。

（160）将棋盤の目の数は9×9で81，オセロ盤の目の数は8×8で64。

（161）1mg の 1000 倍が1g，1g の 1000 倍が1kg，1kg の 1000 倍が1t。

Q158：「重さ」の問題。表にするなどして順序良く考えることが大切です。

3年 いろいろなクイズ

Q162

ことわざ「人のうわさも（　）日」。（　）にあてはまる数字は？

①六十五　②七十五　③八十五

Q163

池のまわりに4メートルの間を空けて木を植(う)えると，ちょうど8本で一しゅうしました。この池の一しゅうの長さは？（木の太さは考えません）

Q164

時計の長針(しん)と短(たん)針は一日に何回重(かさ)なる？

Q165

トランプの4しゅるいのカード，1から13までの52まいの数字を合計すると？

Q166

1×1から9×9のかけざん九九の答えを全部(ぜんぶ)足すといくら？

Q167

15×70の答えは1050。それでは150×7の答えは？

答え（こた）

(162) ② (163) 32メートル (164) 22回 (165) 364
(166) 2025 (167) 1050

（162）人のうわさも七十五日。世間のうわさは一時的なことで，しばらくすれば忘れられるという意味。

（163）4m×8＝32m

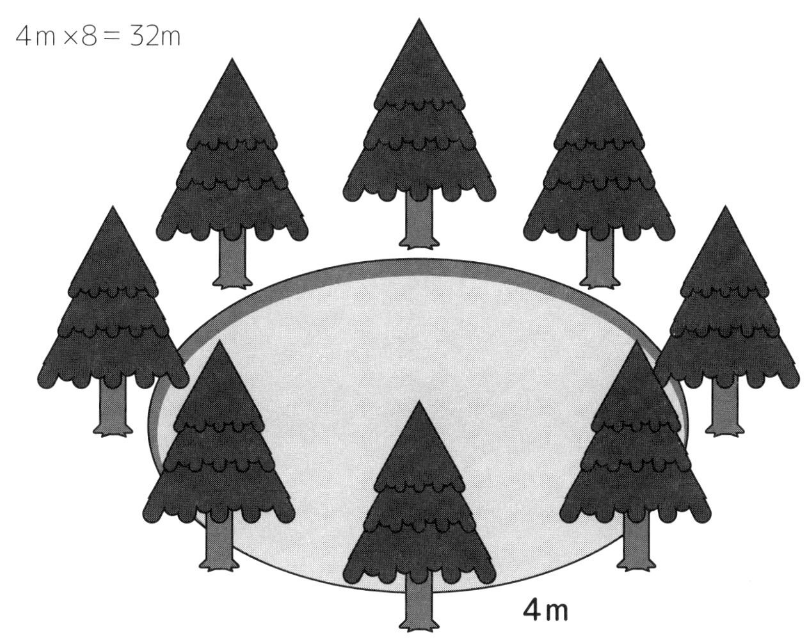

（164）午前0時に1回重なる。午前1時から午前11時まで1時間に1回ずつ重なるので合計10回重なる。午前11時過ぎから午後0時直前まで重ならない。

午後0時に1回重なる。午後1時から午後11時まで午前と同じで1時間に1回ずつ重なるので合計10回重なる。最後の午前0時は翌日なので数えない。よって，1＋10＋1＋10で22回。

（165）1＋2＋3＋4＋5＋6＋7＋8＋9＋10＋11＋12＋13＝91。91×4＝364。トランプが52枚なのは1年が52週だから。カード全ての数字を足すと364でジョーカーを1として足すと365と1年の日数を示している。

（166）1の段の答えの合計は45。二の段の合計は一の段の倍の90。三の段は一の段の合計の3倍で135。同様に計算して四の段は180，五の段は225，六の段は270，七の段は315，八の段は360，九の段は405。合計で2025。

（167）15×70＝15×10×7。150×7＝15×10×7。どちらも同じ答えになる。

Q168

A＋K＝14，J＋Q＝23のとき，(　)にあてはまる数を書こう。

A＋J＝(　)，K＋Q＝(　)，A＋Q＝(　)，K＋J＝(　)

Q169

(　)にあてはまる記号(ごう)を書こう。

1>2, 4<5, 9<10, 7＝10のとき

3(　)4, 7(　)8

Q170

□×□×□×□÷□÷□＋□－□＝□

□に1～9の数字を1こずつ入れて完成(かんせい)させましょう。

Q171

一円玉の直径(けい)は？

①1cm　②2cm　③3cm

Q172

音楽などが録(ろく)音されているCDアルバムの直径は何cm？

①10cm　②11cm　③12cm

Q173

1年365日の真(ま)ん中の日は何月何日？

Q174

マンホールの形が円なのはどうして？

答(こた)え

(168) 12, 25, 13, 24　(169) 3 (>) 4, 7 (=) 8

(170) 1×9×2×8÷3÷6+4−7=5　(171) ②　(172) ③

(173) 7月2日　(174) 四角形だとずれて中に落ちる危険があるが，円だとどうずれても落ちないから。

(168) トランプの絵カードの計算。

Aは1，Jは11，Qは12，K=13。

A+J=1+11=12

K+Q=13+12=25

A+Q=1+12=13

K+J=13+11=24

(169) 暦の月ごとの日数を比べている。

(171) 1955年から使われている現在の1円硬貨は，重さ1グラムで直径は2cm。特定の植物ではない若木がデザインされている。

(173) 1年は365日なので真ん中は183日目。31+28+31+30+31+30で181だから二日後の7月2日。ど真ん中の時刻は正午。うるう年は366日なので183日目と184日目の境になるから，ど真ん中の時刻は7月2日の午前0時。

Q175

ルールを見つけて（　）に入る数を見つけよう。

（1, 3）=2

（2, 1, 3）=2

（1, 4, 1）=2

（1, 2, 3, 6）=3

（1, 5, 1, 1）=2

（1, 2, 8, 5）=（　　）

Q176

ルールを見つけて（　）に入る数を見つけよう。

9だと1, 20だと4, 30だと6, 41だと1, 50だと（　）

Q177

円の中心と円しゅう上の2点をむすんでつくることのできる三角形のしゅるいを全部（ぜんぶ）書きましょう?

Q178

ルールを見つけて（　）に入る数を見つけよう。

7だと3, 11だと4, 26だと4, 33だと2, 42だと（　）

Q179

○+△+□=○×△×□がなり立つ整数（せいすう）を見つけよう。○△□は，0から9のちがう数字です。○△□のじゅんに数字は大きくなります。

Q180

三けたの整数で7で割(わ)り切れる最大(さいだい)の数は？

Q181

四けたの整数で4で割り切れる最大の数は？

答(こた)え (175) 4　(176) 2　(177) 二等辺三角形，直角二等辺三角形，正三角形　(178) 3　(179) ○は1，△は2，□は3　(180) 994
(181) 9996

（175）（　）の中の数を足して，（　）の中の数字が二つなら2で三つなら3で，四つなら4で割るルール。

1+2+8+5=16，16÷4=4

（176）8で割ったときのあまりを書くルール。50÷8=6あまり2

（177）下図左から，二等辺三角形，直角二等辺三角形，正三角形。

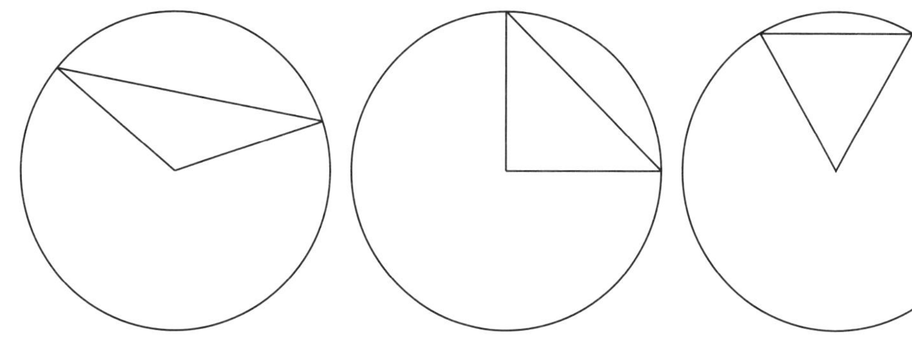

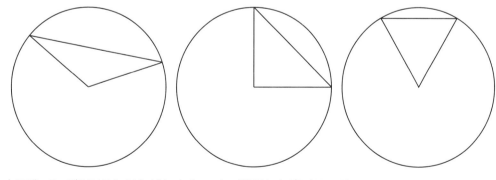

（178）5で割り切れるためにあといくつ必要かを書くルール。

42÷5は8あまり2なので，あと3あると割り切れる。

（180）999÷7=142．7……　　7×142=994

（181）9999÷4=2499．75……　　4×2499=9996

Q177：「円」「三角形」の問題。実際に書きながら考えると楽しく答えを見つけられます。

3年 マッチぼうクイズ

Q182

マッチぼう6本で，答えが100になる式(しき)を作りましょう。

Q183

マッチぼう8本で，答えが1000になる式を作りましょう。

Q184

マッチぼう12本で，正三角形を6つ作りましょう。

Q185

マッチぼう3本で，1より大きく2より小さい数字を作りましょう。マッチぼうは全部(ぜんぶ)使(つか)わなくてもいいです。

答(こた)え　(182)111-11　(183)1111-111　(184) 下図　(185)1.1

（182）

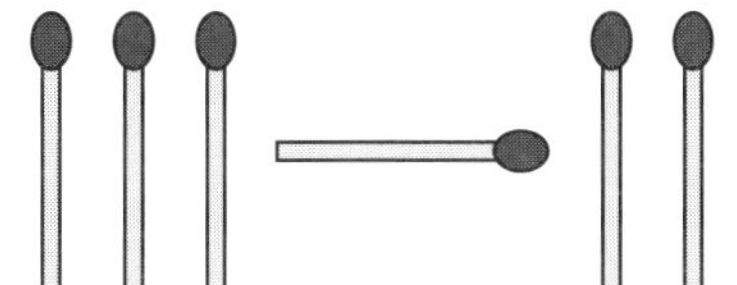

（183）

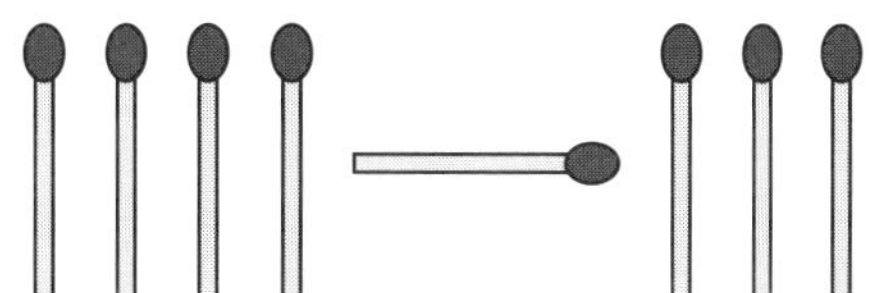

（184）

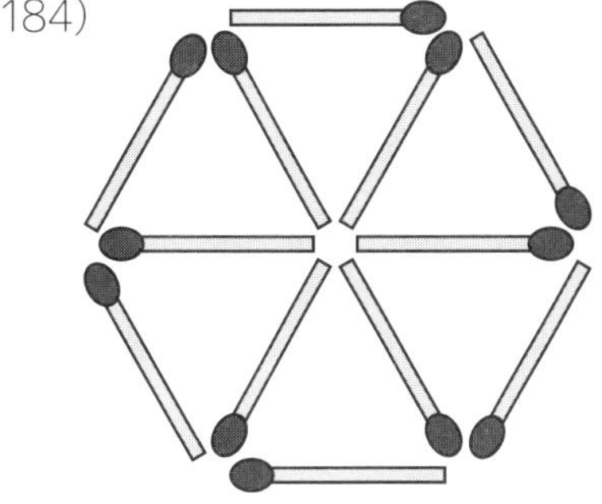

（185）マッチぼうの頭の部分だけを使って，小数点を作り1. 1にする。

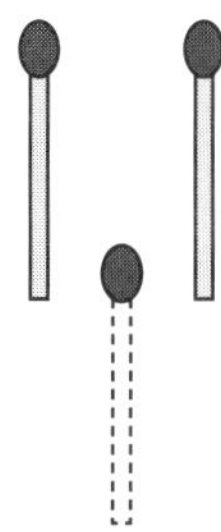

Q185 :「小数」の問題。「全部使わなくてもいいです」を強調しましょう。

こたえ

正方形になる。

◀一つ目の輪を切ったところ。

残りの点線を切ると正方形になる。▶

４年

次の９つの点を直線で一筆書きしてください。
ただし３回しか曲げることはできません。

▶こたえは，98 ページにあります。

3たくクイズ

Q186

十万億土の意味は？

①とても高い土地のこと　②宇宙のこと　③極楽浄土のこと

Q187

1兆円。1に0が何こ？

①9こ　②12こ　③14こ

Q188

数字を表す単位で一番大きいのは？

①無量大数　②不可思議　③極

Q189

無量大数は1に0が何こ？

①62こ　②68こ　③70こ

Q190

大きな数を表す単位「恒河沙」は，1に0が52こついた数字。恒河沙は，ある川のすなの数という意味。恒河は何という川？

①インドのガンジス川　②中国の黄河　③フランスのセーヌ川

Q191

「垓（がい）」は大きな数を表す単位。７００垓あると言われているのは？

①地球上の生物の種類（しゅるい）

②太平洋にある島の数

③宇宙（うちゅう）全体の恒星（こうせい）（自分で光っている星）の数

答え（こたえ） (186) ③　(187) ②　(188) ①　(189) ②　(190) ①　(191) ③

（186）この世から極楽へ行くまでの間にあるという無数の仏土のことを表す言葉。極楽の意味で使われることもある。万と億はとても遠いことを表している。

（187）一兆円は，１０００００００００００００円。

（188）無量大数は，教科書に紹介されている一般的には最も大きいとされている単位。極は1に0が 48 個。不可思議は1に0が 64 個つく単位。

（189）100,000,000,000,000,000,000,000,000,000,000,000,000,000,000,000,000,000,000,000,000,000,000,000

（190）量の多さをガンジス川の無数の砂に例えた単位。

（191）宇宙全体の恒星の数が７００垓あるというのは，オーストラリアの天文学者サイモン・ドライバー氏とその共同研究者が２００３年に唱えた説。垓は1に0が 20 個ついた数。

4年

3たくクイズ

Q192

兵庫(ひょうご)県立大学西はりま天文台にある日本最大の望遠鏡(ぼうきょう)には，算数に関(かん)係のある「なゆた望遠鏡」という名前がつけられています。「なゆた」とはどんな意味の言葉？

①360度を意味する昔の言葉
②日本で初(はじ)めて望遠鏡を設(せっ)計した数学者の名前
③1に0が60つく大きな数の単位(たんい)。

Q193

エクセルなどのコンピューターの計算で，*（アスタリスク）が意味するのは？

①引き算　②かけ算　③わり算

Q194

一の位(くらい)で切り上げても一の位で切り捨(す)てても80になる整数は？

①5つある　②1つだけある　③1つもない

Q195

1年が365日の場合，1月1日が土曜日だと12月31日は何曜日？

①木曜日　②金曜日　③土曜日

Q196

うるう年（1年が366日）の場合，1月1日が日曜日だと12月31日は何曜日？

①日曜日　②月曜日　③火曜日

Q197

次の数字の中で4で割（わ）り切れるのは？

①93486732　②40000001　③39690194

答（こた）え　(192) ③　(193) ②　(194) ②　(195) ③　(196) ②　(197) ①

（192）なゆたは漢字で書くと「那由多」。那由多より大きい単位は「不可思議」「無量大数」。元は古代インドのサンスクリット語で「極めて大きな数」。なゆた望遠鏡は，一般の人が見ることができる望遠鏡としては世界最大。

（193）足し算は+，ひき算は−，わり算は /（スラッシュ）。アスタリスクは，小さな星という意味の言葉だったと言われている。

（194）一の位で切り上げても一の位で切り捨てても80になる数は80だけ。81は一の位を切り上げると90，79は一の位を切り捨てると70。

（195）365÷7=52あまり1。土曜日から始まるなら52週目の最後の日は金曜日で次の12月31日は土曜日。平年は，元日と大晦日の曜日は同じ。

（196）366÷7=52あまり2。日曜から始まるなら52週目の最後の日は土曜日で翌々日の12月31日は月曜。うるう年の大晦日は元旦の次の曜日になる。

（197）下二桁の数字が4で割り切れる整数は，百の位から上の数字に関係なく4で割り切れる。①は32で4で割りきれる。②は01，③は94で割りきれない。

Q194：「がい数」のクイズです。結構迷う問題です。

Q198

六角形の内角の和は三角形の内角の和の何倍？

①4倍　②3倍　③2倍

Q199

8．3×2．5と答えが同じになる式は？

①83×2．5　②83×0．25　③83×0．025

Q200

5□4□3□2□1＝10

＋−×÷を一回ずつ入れて完成(かんせい)したとき最初(さいしょ)の□は？

①＋　②−　③÷

Q201

次の中で5で割(わ)り切れないのは？

①598684570　②555554555　③100000004

Q202

5□1□4□3□2＝0

＋−×÷を一回ずつ入れて完成したとき最初の□は？

①＋　②−　③÷

Q203

日本より面積(せき)が大きいのは？

①イタリア　②ドイツ　③インドネシア

Q204

県名に漢数字が使われている県は何県？

①1県　②2県　③3県

答(こた)え　(198) ①　(199) ②　(200) ①　(201) ③　(202) ①　(203) ③　(204) ②

(198) 六角形は対角線で4つの三角形に分けられる。三角形の内角の和は180度だから，180度の4倍で720度。

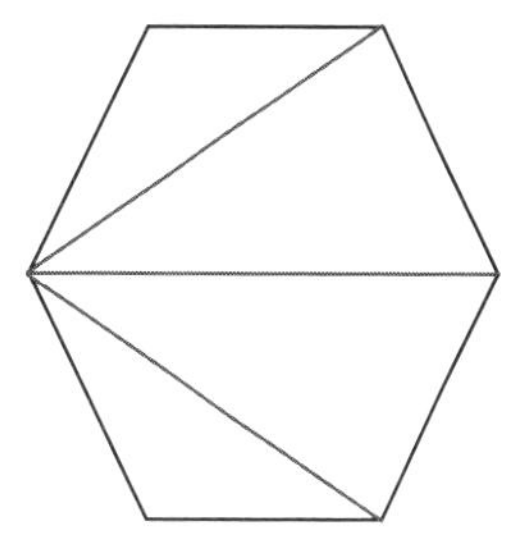

(199) かけ算では，かけられる数を何倍かしたとき，かける数を同じ数で割ると答えは変わらない。8．3×10×2．5÷10

(200) 5＋4×3÷2−1＝10

(201) 1の位の数が0か5なら，5で割り切ることができる。③は1の位が4だから5で割り切れない。

(202) 5＋1−4×3÷2＝0

(203) 日本は約38万 km^2，イタリアは約30万 km^2，ドイツは日本より少し狭くて約36万 km^2。インドネシアは東南アジアで一番広い国で約192万 km^2。

(204) 千葉県と三重県。

Q205

午後2時，時計の長針と短針でつくる角度は？（角度の小さい方）

①20度　②45度　③60度

Q206

4つの辺の長さが等しい四角形の名前は？

①ひし形　②長方形　③正方形

Q207

1万×1万はいくら？

①百万　②一千万　③一億

Q208

3．94を4にすると正かいになります。小数第二位をどうする問題？

①切りすてる　②切り上げる　③四捨五入する

Q209

分母と分子が同じ分数は次の分数のどの仲間？

①真分数　②仮分数　③帯分数

Q210

二等辺三角形で，1つの角が92度のとき，残る2つの角の大きさは？

①44度と44度　②92度と30度　③38度と38度

答え　(205) ③　(206) ①　(207) ③　(208) ②　(209) ②　(210) ①

（205）360度を時計の数字12で割ると30度。午後2時，長針は12，短針は2を指しているから，30度×2で60度。

（206）4つの辺の長さが等しい四角形はひし形。ひし形のなかで4つの角が等しい四角形は正方形。

（207）1万は1に0が4こ。1万×1万の答えは，1に0が8こで一億。

（208）3．94の小数第二位を切り捨てると3．9。四捨五入しても3．9。切り上げると4。

（209）分子より分母が大きい分数が真分数，分子と分母が同じ分数と分子が分母より大きい分数が仮分数，整数と真分数の和になっている分数が帯分数。

真分数	仮分数	帯分数
$\frac{1}{3}$　$\frac{5}{7}$	$\frac{9}{9}$　$\frac{11}{9}$	$4\frac{5}{6}$

（210）180－92＝88　残る二つの角度は等しいから88÷2＝44。

Q210：「角」の問題。苦手な子には図を書くことをすすめましょう。

Q211

A−B＝10　A÷B＝3のとき　Bは？

①3　②5　③15

Q212

対角線の長さが30cmの正方形の面積は？

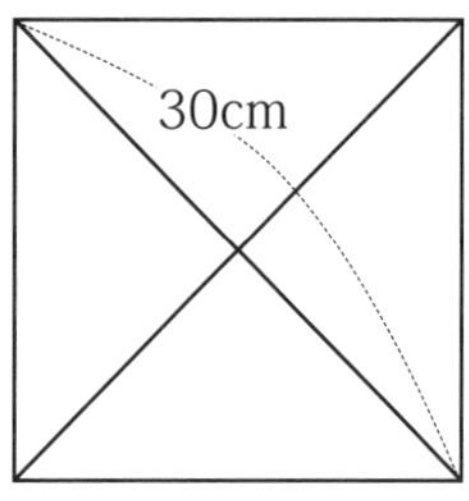

①900cm^2　②450cm^2　③225cm^2

Q213

辺の長さの合計と面積が同じ数字になる正方形の一辺の長さは？

①一辺が4cm　②一辺が5cm　③1辺が6cm

Q214

9, 8, 7, ……0と，数を大きい方から0まで数えることを何という？

①カウントアウト　②ディスカウント　③カウントダウン

Q215

学校で使う2種類の三角定規(ぎ)で作ることができない角度は？

①15度　②70度　③180度

Q216

次の中で，一番長いのはどれ？

①75分　②1時間12分　③3600秒

答え (211) ②　(212) ②　(213) ①　(214) ③　(215) ②　(216) ①

（211）A÷Bが3になる組み合わせは，3と1, 6と2, 9と3, 12と4, 15と5, 18と6など。この中でA−Bが10になるのは，15と5。

（212）正方形の対角線の長さと対角線の長さをかけるとその正方形の2倍の面積。30×30÷2で450 cm^2。

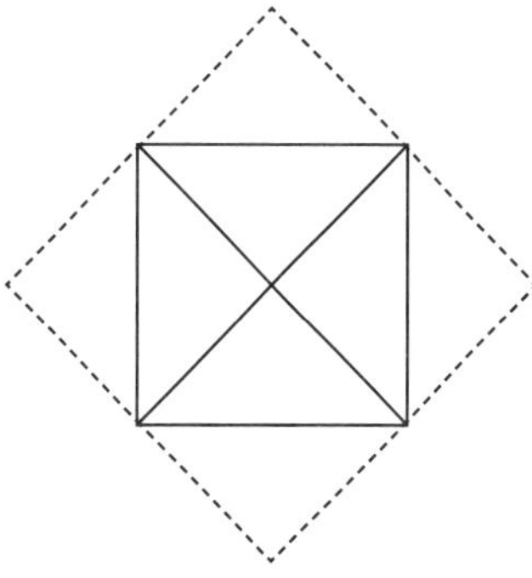

（213）一辺の長さが4cmの正方形は，辺の長さの合計が16cmで，面積は16 cm^2。一辺の長さが4mm，4mの時も同じ数字になる。

（214）ある時刻や出来事の始まる瞬間を0として，それまでの時間を数字で表すのがカウントダウン。ロケットの発射，新年を迎える時などに使われる。ディスカウントは値引きすること。

（215）よく使われる三角定規には，90度45度45度の直角二等辺三角形と，30度60度90度の直角三角形の2種類がある。60度と45度を重ねると15度，90度と90度を合わせると180度ができる。

（216）同じ単位に直すと比べやすい。分に直すと1時間12分は72分，3600秒は60分。75分と72分と60分なので，75分が一番長い。

4年　3たくクイズ

Q217

ゆう便番号の数字が一番小さい「001」は何ゆう便局の配達区いき？

①札幌北　②銀座　③岐阜中央

Q218

上から一桁の概数にすると10000になる一番大きい整数は？

①9999　②14999　③19999

Q219

面積を意味する英語は？

①angle（アングル）　②area（エリア）　③volume（ボリューム）

Q220

10÷99の答えは？

① 0.101010…　② 0.090909…　③ 0.111111…

Q221

ふつうの新品のえん筆で書き続けると何 km 書くことができる？

①約10km　②約35km　③約50km

Q222

周(まわ)りの長さが同じ長方形の面積についての説明(せつめい)で正しいのは？

①面積はどれも同じ

②長辺と短辺の差(さ)が大きいほど広い

③長辺と短辺の差が小さいほど広い

答(こた)え (217) ① (218) ② (219) ② (220) ① (221) ③ (222) ③

(217) 郵便番号はどこの郵便局の配達区域かを表している。100は銀座，500は岐阜中央。

(218) 上から一桁の概数にするためには，上から二桁目の数字を四捨五入する。10000になる一番小さい数は9500で一番大きい数は14999。

(219) angle（アングル）は角度，volume（ボリューム）は体積，容積。areaには，地域，範囲，分野，空き地，中庭などの意味もある。

(220) 1から98までの整数を99で割ると，答えにその整数が繰り返し出てくる。48÷99だと0.4848……，98÷99だと，0.9898……となる。

(221) 長さ約17cmの芯で約50km書ける。鉛筆会社が機械を使って行った実験結果。芯の種類，筆圧，気候，紙などの条件次第で結果が変わるから参考記録。

(222) 長方形の周りの長さが20cmの時，縦と横の和は10cm。

縦3cm　横7cmの時，面積は$21cm^2$

縦4cm　横6cmの時，面積は$24cm^2$

縦5cm　横5cmの時，面積は$25cm^2$

縦6cm　横4cmの時，面積は$24cm^2$

縦7cm　横3cmの時，面積は$21cm^2$

縦8cm　横2cmの時，面積は$16cm^2$

長辺と短辺の差が小さいほど面積は広い。

Q222：「面積」の問題。ぱっと考えても分からない，試行錯誤を促す問題です。

Q223

コンパスを昔は何とよんでいた？

①足長さん　②くっつきばし　③ぶんまわし

Q224

時計の長針は1分間に何度動く？

①1度　②5度　③6度

Q225

弦楽四重奏（げんがくしじゅうそう），弦の数は全部でいくつ？

①16　②18　③21

Q226

沖縄（おきなわ）県で一般的（ぱんてき）な紙パックの容量（ようりょう）は？

①946ml　②992ml　③1059ml

Q227

次の計算の中で，正しいのは？

□の数字は見えていません。

①□.8×6＝□□.7

②□.6×4＝□□.2

③□.8×9＝□□.2

Q228

エスカレーターのかたむきは一般的には何度？

①20度　②30度　③40度

Q229

太陽が生まれたのは今から何年前？

①約46億年前　②約12億年前　③約1億年前

答え　(223) ③　(224) ③　(225) ①　(226) ①　(227) ③　(228) ②　(229) ①

（223）コンパスは自由な角度に開閉できる二本の脚からできている道具で，円を書くときなどに使う。円規とも呼ぶ。

（224）時計の長針は1時間に時計盤を1周するから360度動く。1時間は60分だから，360度を60分で割って1分に動く角度を求めると6度。

（225）弦楽四重奏は，第1・第2バイオリン・ビオラ・チェロの四つの弦楽器による室内楽。それぞれ弦の数は4なので合計16本。

（226）沖縄では，本土復帰2年前に初めて牛乳工場がつくられ，その時アメリカで使われている容量を測る単位「ガロン」が導入された。そのため現在も1ガロンの1/4 の 946ml と，半分サイズの 473ml の紙パックが使われている。

（227）一番低い位の数字をかけた答えが合っているのが③だけ。

（228）エスカレーターの傾き（勾配）は，建設省の告示で35度以下と決められていて，実際には30度が多い。速度は分速30m（時速1．8km）が多い。

（229）約46億年前に，宇宙のガスやちりが集まって，大きなうずができて，その中から太陽が生まれた。

4年 いろいろなクイズ

Q230

4つの4と+，−，×，÷，(　) を使って，答えが0から10になる式をそれぞれ作りましょう。

Q231

4つの3を使って答えが0から10になる式を作ると？
+，−，×，÷，(　) が使えます。

Q232

電卓の正しい数字の配列を書こう。

Q233

電卓に12345679と入力する。その数に6をかけると，74074074になります。それでは，この数に9をかけるといくらになるでしょうか。

Q234

生まれて1万日目は，何さいの時にやってくる？

答え（こた）　(230)(231) 下記　(232) 下図　(233) 666666666

(234) 27さい

(230)

0＝4＋4－4－4, 4×4÷4－4

1＝4÷4×4÷4

2＝4÷4＋4÷4

3＝（4＋4＋4）÷4

4＝（4－4）×4＋4

5＝（4×4＋4）÷4

6＝（4＋4）÷4＋4

7＝4＋4－（4÷4）

8＝4×4÷4＋4, 4×4－4－4

9＝4÷4＋4＋4

10＝（44－4）÷4

(231)

0＝3＋3－3－3

1＝（3÷3）×（3÷3），（3＋3－3）÷3

2＝（3÷3）＋（3÷3），（3×3－3）÷3

3＝（3＋3＋3）÷3

4＝（3×3＋3）÷3

5＝（3＋3）－（3÷3）

6＝（3＋3）×（3÷3）

7＝（3＋3）＋（3÷3），3＋3＋3÷3

8＝3×3－（3÷3）

9＝3×3×（3÷3）

10＝3×3＋（3÷3）

(232)

(233) 電卓に1から9まで8を飛ばして入力します。12345679に1から9の中から好きな数を一つ選んでかけます。その答えに9をかけると，選んだ数だけの9けたの数になる。

(234) 27さい4ヵ月と15日のころになる。（うるう年があるので年によって違う）

Q234：「3ケタでわるわり算」の問題。「生まれて今何日目ですか？」という問題もおもしろい。

Q235

1の位を四捨五入して50になる数は何こ？

Q236

1km^2，1a，1ha，のうち，一番広いのは？

Q237

7人の持っているビー玉は合計28こです。7人全員がビー玉を持っていましたが，同じ数のビー玉を持っている人はいません。7人の持っているビー玉の数を少ない順に書きましょう。

Q238

45÷9の答えは5。それでは4500÷900の答えは？

Q239

午後6時の短針と長針でつくる角度は？

Q240

午後7時の短針と長針でつくるせまいほうの角度は？

Q241

道＋都＝2　のとき　県＋道＝（　）は？

Q242

A＋Ｉが10，L＋Vが34。それではJ＋Tは？

Q243

陸地面積の問題です。九州の100倍と南極大陸はどちらが広い？

Q244

陸地面積の問題です。北海道と九州はどちらが広い？

答え (235)10個　(236) 1km^2　(237)1234567　(238) 5　(239)180度　(240)150度　(241)44　(242)30　(243) 南極　（244）北海道

（235）四捨五入は，求める位のすぐ下の位が0から4のときは切り捨てて，5から9の時は切り上げる。45から54までの10個。

（236）a も ha も km^2 も面積の単位。1a は一辺が10m の正方形の面積で100m^2。1ha は一辺が100m の正方形の面積で10000m^2。1km^2 は一辺が1km＝1000m の正方形の面積で1000000m^2 だから一番広いのは 1km^2。

（238）わり算の割られる数と割る数の両方を同じ数で割ると答えは変わらない。それぞれを100で割ると，4500÷900＝45÷9＝5

（239）（240）一時間ごとに，360 ÷ 12 ＝ 30 で 30 度ずつ変わる。

（241）都道府県の数は，都は1，道は1，府は2，県は43。道と都の数の合計は2，県と道の数の合計は43＋1で44。

（242）アルファベットに順番に数字を当てはめる。

A1，B2，C3，……X24，Y25，Z26。

よって，A＋Ｉは1＋9で10，L＋Vは12＋22で34，J＋Tは10＋20で30。

（243）南極：約 13,660,000 km^2，九州：約 36,780 km^2

（244）北海道：約 83,424km^2

4年 いろいろなクイズ

Q245

□□×□=□□□
□に1，2，3，4，5，6の数字を1回ずつ入れて式を完成(かんせい)させましょう。

Q246

アイスバーを10本食べてバーをお店に持って行くと，新しいアイスバーを1本もらえます。さやかさんは，アイスバーを100本ためました。全部で何本のアイスバーを食べることができますか？

Q247

面積の問題です。バチカン市国と東京ディズニーランドはどちらが広い？

Q248

平年の場合，必(かなら)ず同じ曜日で始まる月は？

Q249

ピンからキリまでのピンが意味する数字は？

Q250

電卓(たく)で，147+789+963+321と計算すると2220になります。それでは，ぎゃく向きに123+369+987+741と計算すると答えは？

Q251

右，左，右，左と足を交互に出して進むと５０歩目は右それとも左？

Q252

正方形のおり紙２枚を重ねました。ＡとＢの面積はどちらが広いですか。

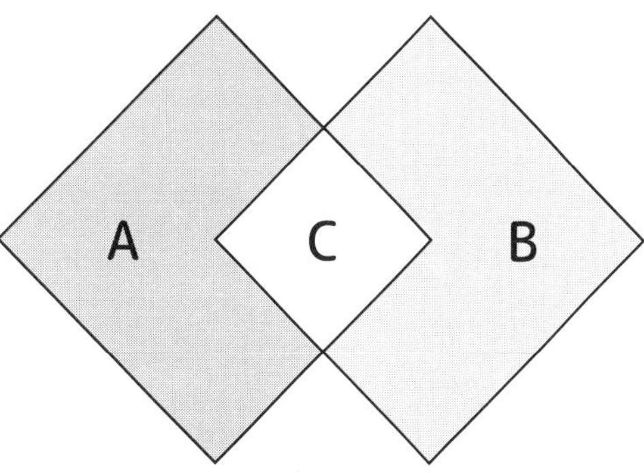

答え

(245) ５４×3＝１６２　(246) １１１本　(247) 東京ディズニーランド
(248) 2月3月11月　(249) １　(250) ２２２０　(251) 左
(252) 同じ

（246）１００÷10＝10　この10本でもう一本もらえるから111本

（247）東京ディズニーランド：約 0.51km²，バチカン市国：約 0.44km²

（249）始めから終わりまで，最上のものから最低のものまでというような意味で使われる表現。

（250）どの数字からはじめても答えは２２２０。

（251）右足を出すのは，１歩目，３歩目と2で割り切れない奇数の時。左足を出すのは，２歩目，４歩目と2で割り切れる偶数の時。５０は2で割り切れるから左足の番。

（252）元の2つの正方形は同じ面積。それぞれ重なっている面積Cを引いた残りの面積も同じになる。

Q253

正方形のおり紙をおって，半分の面積の正方形にします。最少（さい）回数だと何回でできますか？（おり目をつけるためにおる回数は数えません）

Q254

次の数字のならび方のルールを考えて（　）に数字をいれましょう。

$\frac{1}{10}$　$\frac{1}{5}$　0.3　$\frac{2}{5}$　$\frac{1}{2}$　（　　）

Q255

120 度の図を使って説明（せつ）できるもう一つの角度は？

120°

Q256

カレンダーで，正方形になるように3×3の9つの数字を囲（かこ）みました。9つの数を合計すると81になりました。どこを囲んだのでしょうか。

6

SUN	MON	TUE	WED	THU	FRI	SAT
			1	2	3	4
5	6	7	8	9	10	11
12	13	14	15	16	17	18
19	20	21	22	23	24	25
26	27	28	29	30		

答え (253) 4回　(254) 0．6または10分の6または5分の3
(255)240 度　(256) 9を中心にした四角（1，2，3，8，9，10，15，16，17）

（253）

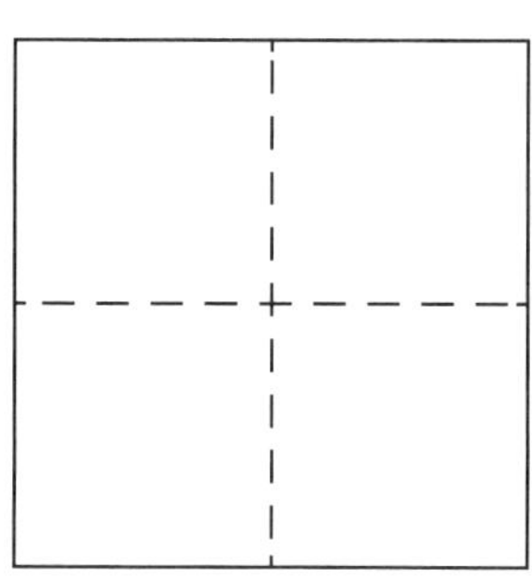

縦横半分におって，おり目をつけて中心を見つける。

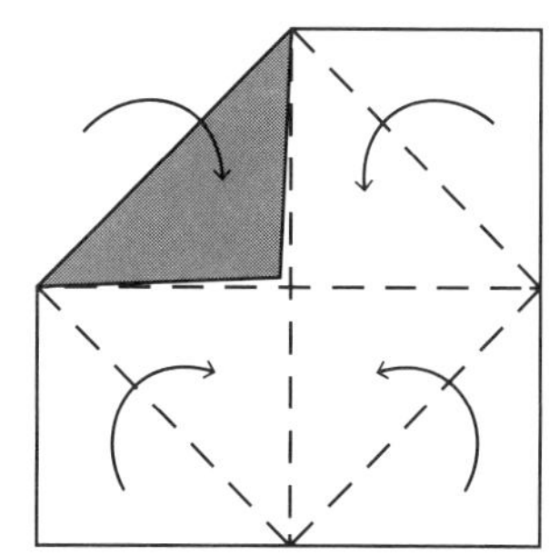

角が中心に来るようにおる。

完成！

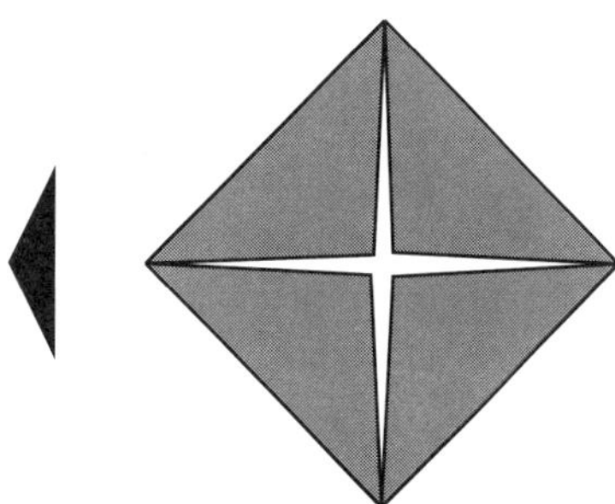

4つの角をおる。

（254）0．1，0．2，0．3と0．1ずつ増やすルール。
　分数でも小数でも表し方は自由。（5年生からは約分をする）

（255）360 − 120 = 240 度。

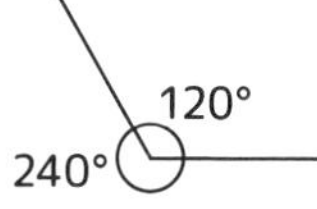

（256）カレンダーで，正方形になるように3×3の9つの数字を囲んだとき，9つの数字の合計は，正方形の中心の数を9倍した数になるから，81÷9で中心の数は9。

6

SUN	MON	TUE	WED	THU	FRI	SAT
			1	2	3	4
5	6	7	8	9	10	11
12	13	14	15	16	17	18
19	20	21	22	23	24	25
26	27	28	29	30		

Q254 :「分数」「小数」の問題。ヒントを出すなら「数直線に書いてみよう！」です。

こたえ

3回しか曲がれないので注意（ちゅうい）しよう。

点の外にはみでることで，一筆書きができる。

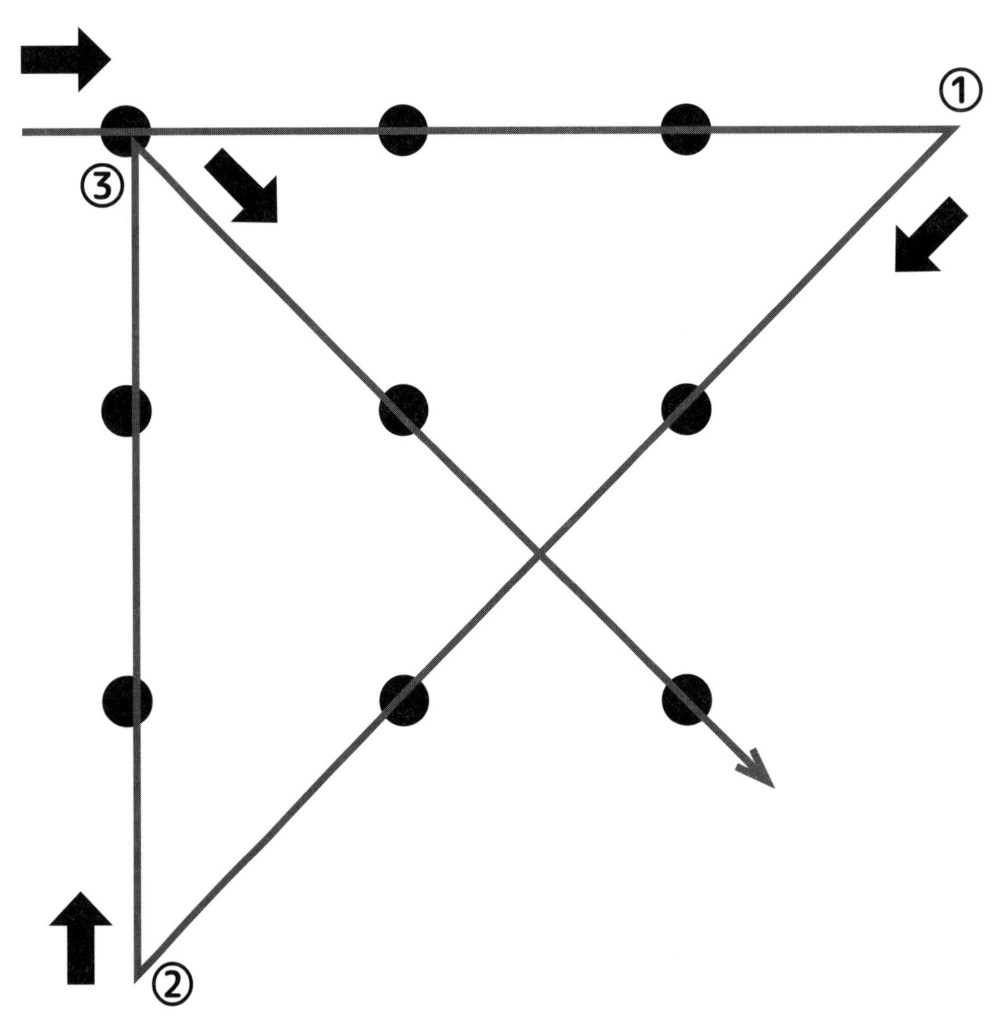

●著者紹介
蔵満逸司
1961 年鹿児島県生まれ。国立大学法人琉球大学教職大学院准教授（2016 ～ 2023)。鹿児島県小学校教諭 (1986 ～ 2015)

■著書
『奄美まるごと小百科』『奄美食 (うまいもの) 紀行』『奄美もの知りクイズ 350 問』『鹿児島もの知りクイズ 350 問』『沖縄もの知りクイズ 394 問』『鹿児島の歩き方鹿児島市篇』(以上 , 南方新社),『授業のツボがよくわかる算数の授業技術高学年』(以上 , 学事出版),『小学校 1・2・3 年の楽しい学級通信のアイデア 48』『小学校 4・5・6 年の楽しい学級通信のアイデア 48』『見やすくきれいな小学生の教科別ノート指導』『特別支援教育を意識した小学校の授業づくり・板書・ノート指導』『教師のための iPhone & iPad 超かんたん活用術』『ワークシート付きかしこい子に育てる新聞を使った授業プラン 30+ 学習ゲーム 7』『小学校プログラミング教育の考え方・進め方』『小学校 授業が盛り上がるほぼ毎日学習クイズ BEST365』『インクルーシブな視点を生かした学級づくり・授業づくり』(以上 , 黎明書房),『おいしい ! 授業 -70 のアイデア & スパイス +1 小学校 1・2 年』(フォーラム A),『ミナミさんちのクイズスペシャル』1,2,3(以上 , 南日本新聞社 * 非売品)

■ DVD
『演劇･パフォーマンス系導入パターン』『実践 ! ミニネタアイディア集 (算数編)2 巻』(以上 , ジャパンライム社)

■共著
『42 の出題パターンで楽しむ痛快社会科クイズ 608』『クイズの出し方大辞典付き笑って楽しむ体育クイズ 417』(以上 , 黎明書房)

■編著書
上條晴夫監修『小学校算数の学習ゲーム集』『算数の授業ミニネタ & コツ 101』(以上 , 学事出版)

■算数教科書編集委員

＊イラスト：伊東美貴

小学生の思考力を引き出す！　算数クイズ集〈1・2・3・4年〉

2023 年 9 月 25 日　初版発行
著　者　蔵　満　逸　司
発行者　武　馬　久　仁　裕
印　刷　藤原印刷株式会社
製　本　協栄製本工業株式会社

発　行　所　株式会社　黎　明　書　房

〒 460-0002　名古屋市中区丸の内 3-6-27　EBS ビル
☎ 052-962-3045　FAX 052-951-9065　振替・00880-1-59001
〒 101-0047　東京連絡所・千代田区内神田 1-12-12 美土代ビル 6 階
☎ 03-3268-3470

落丁本・乱丁本はお取替えします。
ISBN978-4-654-02393-6
© I. Kuramitsu, 2023, Printed in Japan

小学生の思考力を引き出す！
算数クイズ集〈5・6年〉

蔵満逸司著　B5・88頁　1900円

学習指導要領で重視される「思考力」を高めるための算数問題をクイズ化。授業の導入に，宿題にと学級で家庭で楽しく学べます。ていねいな解答とクイズの狙いが分かる一口メモ付き。高学年向け。

小学校　授業が盛り上がる
ほぼ毎日学習クイズ
BEST 365

蔵満逸司著　B5・94頁　1800円

授業の導入や，スキマ時間，家庭学習に役立つ，ほぼ毎日できる 365 問。クイズはすべて，その日に起きた出来事などから作られた三択クイズ。楽しみながら知識を増やし，思考力を高めることができます。

小学校プログラミング教育の
考え方・進め方

オールカラー

蔵満逸司著　B5・86頁　2300円

小学校で新しく始まるプログラミング教育について，パソコンが苦手な先生でも理解できるよう平易に解説したプログラミング教育の入門書。指導例に基づく教科別の指導プラン・ワークシートなどを収録。

改訂新版 教師のための iPhone ＆
iPad 超かんたん活用術

オールカラー

蔵満逸司著　B5・86頁　2364円

はじめて iPhone や iPad をさわる人でも，すぐに授業や教師生活に活かせるノウハウを収録！　操作説明や基本用語，各教科や特別支援教育に役立つアプリも紹介。2021 年 10 月時点の情報に基づく改訂新版。

子どもを見る目が変わる！
インクルーシブな視点を生かした
学級づくり・授業づくり

蔵満逸司著　A5・97頁　1700円

特別支援教育を意識しながら小学校教諭を 29 年続けてきた著者が，子どもの「好き」を大切にする学級づくりや，個を大切にする協同学習など，学級づくりと授業づくりで大切なことを 10 の視点で解説。

ワークシート付き かしこい子に育てる
新聞を使った授業プラン 30 ＋
学習ゲーム 7

蔵満逸司著　B5・86頁　1800円

「新聞のグラフを読み取ろう」「スポーツ記事を書いてみよう」など，新聞を使った小学校の各教科の授業プランと，「新聞たほいや」などの学習ゲームを収録。アクティブ・ラーニングの教材としても最適。

特別支援教育を意識した 小学校の
授業づくり・板書・ノート指導

蔵満逸司著　B5・86頁　1900円

発達障害の子どもだけでなく，すべての子どもの指導をより効果的で効率的なものにするユニバーサルデザインによる学習指導のあり方を，授業づくり・板書・ノート指導にわけて紹介。コピーして使える資料付。

見やすくきれいな
小学生の教科別ノート指導

蔵満逸司著　B5・92頁　1800円

国語，社会科，算数，理科等の各学年のノートの見やすい書き方，使い方を実際のノート例を交えながら紹介。特別支援を意識したノート指導では，支援を要する児童を意識した板書の工夫などにもふれる。

子どもも保護者も愛読者にする
小学校1・2・3年の楽しい
学級通信のアイデア48

蔵満逸司著　B5・102頁　2000円

子どもとの距離も保護者との距離もぐっと近づく学級通信を 48 種紹介。作成手順や具体例がそのまま使えるワークシートを掲載。保護者が気になる低学年ならではのネタも紹介。 4・5・6年版もあります。

＊表示価格は本体価格です。別途消費税がかかります。

■ホームページでは，新刊案内など小社刊行物の詳細な情報を提供しております。
「総合目録」もダウンロードできます。http://www.reimei-shobo.com/